Elke Kammer

Mein Advents-Lese-Bastel-Spielebuch

Elke Kammer

Mein
Advents-Lese-Bastel-
Spielebuch

JOHANNIS LAHR

Die Deutsche Bibliothek – CIP-Einheitsaufnahme

Kammer, Elke:
Mein Advents-Lese-Bastel-Spielebuch – Elke Kammer. –
Lahr : Johannis, 1995
   (Edtition C : T, Taschenbuch ; Nr. 56426 : Kinder-
   taschenbuch)
   ISBN 3-501-01268-3
NE: Edition C / T
ISBN 3-501-01268-3

Edition C-Kindertaschenbuch 56 426 (R 26)
© 1995 by Verlag der St.-Johannis-Druckerei, 77922 Lahr
Umschlagillustration: Dialogwerbeagentur, Waldbronn
Gesamtherstellung:
St.-Johannis-Druckerei, 77922 Lahr
Printed in Germany 12061/1995

Vorwort

Ryan und Kirsty wohnen mit ihren Eltern und ihrer Großmutter im Dorf Inverey am Fuße der Cairngormberge in Schottland. Ryan ist acht Jahre alt, und seine Schwester Kirsty ist sechs. Sie gehen beide in Braemar zur Schule, das heißt, nur wenn der Schulbus sie abholt, denn Braemar ist acht Kilometer entfernt, also zu weit zum Laufen. Im Winter kommt der Schulbus aber nur bis nach Inverey, wenn vorher der Schneepflug die Straße freigeschoben hat. So gibt es immer wieder Tage, an denen Ryan und Kirsty zu Hause bleiben müssen. Für solche Fälle hat die Großmutter dann Hausaufgaben für sie bereit. Kirsty findet das lustig. Ryan hingegen ist viel lieber mit seinen Kameraden zusammen. In Inverey gibt es sonst nur ein paar Kleinkinder und zwei ältere Mädchen. Ach ja, und dann wohnt da noch Gordon, der Försterssohn, der aber eine besondere Schule besucht, weil er taubstumm ist. Er kommt nur an den Wochenenden und in den Ferien heim. Dann aber sind Ryan und er unzertrennlich.

Auf den folgenden Seiten könnt ihr die Kinder näher kennenlernen und an ihrem Leben in den Tagen und Wochen vor Weihnachten teilnehmen. Der Advent ist schon eine besondere Zeit, das Warten auf den großen Tag, an dem wir den wichtigsten Geburtstag aller Zeiten feiern. Das schönste aber ist, daß dieser Geburtstag in allen Ländern der

Erde gefeiert wird, wenn auch auf ganz verschiedene Weise. Und so freue ich mich, daß ich euch jetzt mitnehmen kann zu Ryan und Kirsty in Schottland. Die Großmutter hat gerade das Kalenderblatt mit der Aufschrift »November« abgerissen. Ein neuer Monat beginnt: der Adventsmonat.

Warum Ryan beinahe den Schulbus verpaßte

Ryan gähnte, während er noch halb verschlafen die steile Holztreppe hinunterstieg. Hätte die Mutter ihn nicht zum dritten Mal gerufen, dann wäre er einfach unter seiner warmen Decke liegengeblieben. Im Sommer brauchte sie ihn nicht zu wecken. Da war er vor allen andern auf den Beinen und rannte nach draußen, um den neuen Tag zu begrüßen. Aber jetzt im Winter gab es nichts zu begrüßen. Es war kalt und dunkel. Die Sonne würde erst aufgehen, wenn er bereits in der Schule saß, und sie ging unter, sobald die Kinder am Nachmittag heimkamen.

»Ich wünschte, ich wäre ein Igel oder ein Eichhörnchen«, murmelte Ryan. »Dann könnte ich einfach schlafen, bis der Frühling kommt.«

»So«, entgegnete die Großmutter, die am Fuße der Treppe auf ihn wartete. »Du willst also alles verschlafen, den Advent, das Nikolausfest, Weihnachten . . .«

»Nein!« protestierte Ryan schnell. »Das will ich natürlich nicht. Ich will nur . . .« Er suchte nach Worten. Da kam ihm Kirsty zu Hilfe. »Er will nur, daß es wieder hell und warm wird.«

»Nun, die Sonne kann ich zwar nicht hinter dem

Horizont hervorlocken, aber wenn ihr in die Küche geht, dann habt ihr es schön warm«, sagte die Großmutter und schlurfte mit dem leeren Kohleeimer davon.

Auf dem Herd kochte bereits der Haferbrei. Die Mutter stand am Küchentisch und füllte eine Thermosflasche mit heißem Tee. »Da bist du ja endlich«, sagte sie ein wenig vorwurfsvoll, als Ryan in der Tür erschien. »Wenn du dich nicht beeilst, kannst du hinter dem Schulbus herlaufen.«

Ryan kicherte. Dann kam ihm eine Idee. »Ich könnte meine Skier nehmen und mich hinten am Bus festhalten. Dann zieht er mich bis nach Braemar.«

Die Mutter drehte sich zu ihm um. »Ich befürchte, dafür liegt nicht mehr genug Schnee auf der Straße.«

»Und überhaupt«, mischte sich Kirsty ein, »wenn der Bus ohne dich abfährt, wie willst du dich dann hinten festhalten?«

»Ha, du weißt ja nicht, wie schnell ich bin«, gab Ryan zurück. Die Thermosflasche war inzwischen voll, und die Mutter schraubte den Deckel zu. »Geh dich jetzt waschen, und zieh dich an«, sagte sie zu Ryan. »Ich mache inzwischen dein Schulbrot fertig.«

»Aber keinen Käse!« warf Ryan ihr zu und verschwand.

Kirsty setzte sich an den Tisch. Sie war bereits fertig angekleidet, nur ihr langes Haar wartete noch darauf, gebändigt zu werden. »Oh!« sagte sie plötzlich mit einem Blick auf die Wand. »Da ist ja ein neues Bild!« Die Mutter wandte ihren Kopf. »Ach so, der Kalender. Ist es wirklich schon Dezember? Wie doch die Zeit verrinnt . . .« Dann ging sie zum Herd und nahm den Deckel vom Topf. Dampf schlug ihr entgegen. Sie wich erschrocken zur Seite. Der Haferbrei war fertig, und Kirsty bekam gleich eine Schale voll davon vor die Nase gesetzt. Sie mischte etwas kalte Milch und Zucker darunter. Mm! Das tat gut an einem kalten Morgen wie diesem.

»Ist Papi schon weg zur Arbeit?« wollte Kirsty nach einer Weile wissen.

»Schon längst«, entgegnete die Mutter.

»Warum hat er dann seinen Tee nicht mitgenommen?« Kirsty deutete auf die Thermosflasche.

»Er war heute morgen so in Eile, daß er es vergessen hat. Aber ich bring' sie ihm nachher vorbei. Ich muß sowieso einkaufen gehen.« Die Mutter belegte gerade die Schulbrote.

»Mit dem Fahrrad?« fragte Kirsty, wobei sie sich beinahe an dem Haferbrei verschluckte.

»Nein, Mrs. Forbes nimmt mich im Auto mit. Sie hat selbst ein paar Sachen zu erledigen.« In dieser Jahreszeit war es nicht gerade ein Vergnügen, mit dem Fahrrad einkaufen zu gehen. Die Straße war an vielen Stellen vereist, und der Wind schnitt einem oft geradezu ins Gesicht. Aber ein Auto konnte sich die Familie nicht leisten. Die Schafe und Rinder, die sie auf der Farm hielten, brachten nicht viel Geld ein, und was der Vater für das Reparieren von Wasserleitungen, Hausdächern und ähnlichen Arbeiten bekam, war auch nicht viel. Doch oft hörte

Kirsty ihre Eltern sagen: »Um nichts in der Welt möchten wir Inverey verlassen. Nur wenn es gar nicht anders geht.« Noch ging es aber, und es ging ihnen eigentlich sehr gut. Kirsty und Ryan waren jedenfalls glücklich. Das heißt, Ryan zeigte an diesem Morgen ein ziemlich zerknirschtes Gesicht. Er konnte seine Schulkrawatte nicht finden, und sein Magen beschwerte sich, weil er noch nichts zu essen bekommen hatte.

»Du hast noch genau zehn Minuten Zeit«, rief ihm die Mutter zu.

»Ja, ja«, gab Ryan mürrisch zurück. In diesem Augenblick erinnerte er sich jedoch, wo er die Krawatte am Tag zuvor fallengelassen hatte. Wie von einer Wespe gestochen, jagte er ins Wohnzimmer. Tatsächlich! Sie lag immer noch in der Ecke des Sofas. Er nahm sie mit in die Küche, wo die Mutter gerade Kirstys Haar zu Zöpfen flocht.

»Wo ist mein Haferbrei?« wollte Ryan wissen.

»Auf dem Herd«, entgegnete die Mutter.

»Alles muß man selber machen!« Ryan legte die Krawatte auf den Tisch und ging zum Herd. Er hatte gerade Zeit, um fünf Löffel voll hinunterzuschlingen. Dann hupte draußen der Schulbus.

»Beeil dich, oder ich gehe alleine!« rief Kirsty ihm von der Haustür aus zu.

»Geh doch!« gab Ryan zurück. Seine Schwester ließ sich das nicht zweimal sagen. Während er mit der Krawatte kämpfte, trat auf einmal die Mutter an ihn heran. »Hier«, sagte sie, »das kannst du im Bus essen.« Ryan sah auf. Die Mutter hielt ihm ein saftiges Marmeladenbrot entgegen. Für einen Augenblick hellte sich sein Gesicht auf. Dann hupte der Schulbus noch einmal.

»Mach's gut!« rief ihm die Mutter nach, während Ryan durch den matschigen Vorgarten rannte.

»Noch einmal warte ich nicht so lange«, raunte ihn der Busfahrer an. »Das nächste Mal kannst du sehen, wie du nach Braemar kommst.«

»Pah! Dann bleibe ich einfach zu Hause«, gab Ryan in Gedanken zurück; doch er sagte nichts, sondern ließ sich still auf der Bank neben Kirsty nieder.

Die Schule in Braemar war wie alle Häuser aus grauem Feldstein gebaut. Sie hatte nur drei Klassenräume: einen für die Fünf- bis Siebenjährigen, einen für die Acht- bis Neunjährigen und einen für die Zehn- bis Zwölfjährigen. In jede Klasse gingen etwa zwanzig Kinder. An diesem Morgen füllten sich die Kleiderhaken im Flur mit Mänteln und dicken Jacken. Handschuhe und Mützen landeten in den Fächern darunter, und hier und da stand ein Paar Gummistiefel, das gegen leichte Schuhe eingetauscht worden war. Bevor die Kinder in ihre Klassen gingen, versammelten sie sich in der Turnhalle zum Morgentreff. Sie sangen mehrere Lieder, und Mrs. Rutherford, die Schulleiterin, erzählte ihnen eine kurze Geschichte. Ryan hörte an diesem Morgen nur halb zu. Seine Gedanken wanderten zu seinen Skiern, die frisch gewachst zu Hause im Schuppen standen. Er träumte davon, wie er auf ihnen durch den Schnee sauste und geradewegs den Schulbus überholte. Da würden die andern

Kinder aber große Augen machen! Malcolm stieß ihn in die Seite. Mrs. Rutherford hatte geendet, und sie standen auf, um im Gänsemarsch in ihre Klassen zu marschieren.

Außer einer Liste von Kettenaufgaben und einem Kapitel in ihrem Lesebuch stand für heute Basteln auf dem Plan. Ryan bastelte gern. Er hatte geschickte Finger und dazu eine Menge Einfälle. Mr. MacKenzie, sein Klassenlehrer, stellte eine große Kiste mit Tannenzapfen, Baumrinde, Wurzelgeflechten und anderen schönen Dingen auf den Tisch, die die Kinder in den vergangenen Wochen im Wald gesammelt hatten.

»Ich möchte, daß jeder von euch daraus ein kleines Haus mit Garten baut«, sagte der Lehrer und teilte die Schuhkartondeckel aus, in denen die Häuser stehen sollten. Ryan brauchte nicht lange zu überlegen. Er fand ein großes Stück Baumrinde, das er in vier gleiche Teile zerbrach: die Wände für sein Haus. Mit dem Dachgiebel hatte er zuerst Schwierigkeiten, da die Stöcke nicht richtig halten wollten. Schließlich klebte er sie mit einem dicken Tropfen Kleister zusammen. Nun kam das Dach selbst an die Reihe. Ryan deckte es mit Binsenstroh, das er an einem Bach gefunden hatte. Natürlich durfte auch der Schornstein nicht fehlen, denn was war ein Haus ohne Kamin! Die kleine Eichelpfeife ließ sich leicht ins Stroh stecken. Zum Schluß polsterte er seinen Garten mit Moosgeflechten und stellte ein paar Kiefern- und Tannenzapfen als Bäume auf. Dann kam ihm noch ein besonderer

Einfall. Er fand in der Kiste zwei gerade Stöckchen, die er als Skier gegen seine Hauswand lehnte.

»Mr. MacKenzie, ich bin fertig!« rief er strahlend aus. Der Lehrer trat an seinen Tisch und begutachtete das Werk. »Hm, das ist dir gut gelungen«, sagte er anerkennend. »Vielleicht fällt dir ja noch mehr für den Garten ein.« Ryan überlegte kurz. Dann schüttelte er den Kopf. »Nein, der Garten ist voll genug.« Er sah sich um. Die anderen Kinder waren noch lange nicht so weit wie er. Malcolm hatte gerade mal die Wände seines Hauses stehen. Da meinte Ryan plötzlich: »Haben Sie vielleicht noch einen Pappdeckel übrig? Dann könnte ich meiner Schwester auch ein Haus machen. Die würde sich bestimmt freuen.« Diesmal war es Mr. MacKenzie, der kurz überlegte. Er warf einen Blick auf die Uhr. »Also gut, wenn du sicher bist, daß du an deinem Garten nichts mehr machen willst?«

»Nein, der ist fertig«, beharrte Ryan. »Ich baue lieber noch ein Haus für Kirsty.«

Diesmal wußte er mit dem Dachgiebel bereits Bescheid. Dafür reichte das Binsenstroh nicht mehr aus, und er mußte den Rest mit Heidekraut decken. Auch konnte er in der Kiste keine weitere Eichelpfeife finden. »Macht nichts, ich gucke morgen im Wald«, sagte er sich und machte sich an den Garten. Die Zeit verstrich wie im Fluge. Plötzlich rief Mr. MacKenzie auch schon zum Aufräumen auf. Ryan beeilte sich, die letzten Ecken des Garten mit Moos zu füllen. »Jetzt nur noch die Bäume . . .«

Die anderen Kinder saßen bereits mit gepackten

Schultaschen auf ihren Plätzen, während Ryan noch seine Schnipsel zusammenfegte. Die Glocke läutete, der Schulbus hupte – wieder hätte er ihn beinahe verpaßt.

»Das nächste Mal lasse ich dich in der Schule übernachten, wenn du wieder so herumbummelst«, raunte ihm der Fahrer zu, bevor die Tür hinter ihm schloß.

»Dann sage ich es aber Papi, und der holt ihn mit dem Fahrrad heim«, ließ sich Kirsty plötzlich vernehmen. Sie rutschte ans Fenster, um Ryan Platz zu machen.

»Hier, das ist für dich«, sagte Ryan und reichte ihr das Modell, das er für sie angefertigt hatte.

»Für mich?« Kirsty konnte es kaum fassen.

»Ja, und den Schornstein kriegst du morgen noch; damit du bei dir auch heizen kannst.« Sie sahen aus dem Fenster, wo die Sonne ihre letzten Strahlen auf das kahle Land sandte. Wie schnell doch so ein Wintertag vorüberging.

Bastelarbeit: Haus mit Garten

Gehe in den Wald, und sammle, was immer dir an Baumaterial unter die Finger kommt: Tannen-, Kiefern-, Fichtenzapfen, Stöcke und Wurzeln, Baumrinde und trockenes Gras, Moos und Heidekraut, Eichelpfeifen und Kastanien und was dir sonst noch brauchbar erscheint.

Nimm einen Schuhkartondeckel oder ähnliches, und bau darauf dein Haus mit Garten (mit Hilfe von Klebstoff oder Kleister).

Falls du eine Winterlandschaft möchtest, kannst du aus Watte Schnee nachmachen und auf dein Hausdach, die Bäume und dergleichen kleben. Viel Spaß dabei!

2. Dezember

Warum Kirsty beinahe das Haus abbrannte

Ryan konnte es kaum fassen. Waren das wirklich Sonnenstrahlen, die durch das Fenster zu ihm hereinschienen? Er wühlte sich aus seinen Decken hervor und stand auf. Tatsächlich. Als er den Vorhang beiseite schob, strömte das Licht des neuen Tages zu ihm herein. Plötzlich erschrak er. »Wenn es schon so spät ist, dann . . . hab' ich ja den Schulbus verpaßt!« Er drehte sich um und rannte aus dem Zimmer. In seiner Eile wäre er beinahe die Treppe hinuntergefallen. Zum Glück gab es das Geländer, an dem er sich halten konnte. In der Küche stieß er mit Kirsty zusammen, die gerade in einer Schüssel rührte.

»Was? Bist du etwa auch noch hier?« platzte Ryan heraus. Kirsty sah ihn ein wenig gekränkt an. »Wo soll ich denn sonst sein?« entgegnete sie.

»Na, in der Schule!« Jetzt erst nahm Ryan die Großmutter wahr, die neben dem Herd stand und in einem Kochbuch blätterte.

»Seit wann müssen wir am Samstag in die Schule?« fragte Kirsty vorwurfsvoll.

»Ach so, heute ist ja Samstag!« Ryan schlug sich an die Stirn. »Daß ich da nicht eher darauf gekommen bin!« Er machte auf der Stelle kehrt und stapfte in sein Zimmer zurück. Dort fiel sein Blick sogleich auf das kleine Haus, das er am Tag zuvor in der Schule gebastelt hatte. »Ich muß es Gordon zeigen«, dachte er. »Vielleicht will er auch eins bauen. Außerdem muß ich für Kirsty noch einen Schornstein finden.« Mit diesen Gedanken schlüpfte er in seine warmen Anziehsachen und erschien wenig später noch einmal in der Küche.

»Willst du heute immer noch zur Schule gehen?« zog Kirsty ihn mit einem Grinsen im Gesicht auf. Ryan sah zur Seite. »Man kann sich doch mal irren«, murmelte er.

Der Haferbrei war bereits steif geworden, und Ryan mußte eine Menge Milch darübergießen, um ihn für seinen Gaumen genießbar zu machen. Während er den Brei löffelte, sah er Kirsty dabei zu, wie sie den Teig in der Schüssel zu einem Klumpen knetete. »Was wird das denn?« wollte er wissen.

»Plätzchen für morgen, für den ersten Advent«, entgegnete Kirsty, wobei sie mit Kneten fortfuhr.

»Bekomme ich auch welche ab?« Ryan war sich bei der Größe des Teigklumpens nicht sicher, ob für ihn auch etwas Gebäck dabei abfiel.

»Das wird mehr, als es aussieht«, mischte sich jetzt die Großmutter ein. »Wartet erst mal, bis der Teig aufgeht.« Kirsty hielt mit Kneten inne und streifte sich den Teig von den Fingern. »Ich glaube, das ist jetzt gut genug.« Sie hielt der Großmutter die Schüssel entgegen.

»Ja, das decken wir jetzt mit einem Handtuch ab und stellen es neben den Ofen«, sagte die Großmutter. »In einer halben Stunde kannst du ihn dann ausrollen und die Plätzchen ausstechen.«

Kirsty trug die Schüssel zum Ofen und nahm das Handtuch vom Haken. »Willst du nachher mitmachen?« fragte sie Ryan. Dieser schluckte gerade seinen letzten Bissen hinunter. »Ich wollte eigentlich zu Gordon gehen. Und dann muß ich ja noch einen Schornstein für dein Haus finden.« Er stand auf und trug sein leeres Schälchen zum Abwaschbecken.

»Du mußt ja nicht. Ich kann's auch alleine machen«, entgegnete Kirsty. Sie leckte den Teig von den Fingern, was ihr offensichtlich schmeckte. Ryan zögerte für einen Augenblick. Am liebsten hätte er das Handtuch beiseite geschoben und seinen Finger in die Schüssel getaucht. Frischer Teig war doch herrlich! Sie hatten schon lange nicht mehr gebacken. Aber morgen war ja auch ein besonderer Tag: der erste Advent. »Ob Mami den Kranz vom Speicher holt und eine Kerze daraufsteckt?« überlegte er. Doch dann wanderten seine Gedanken auch schon zu Gordon, und plötzlich wollte er keine Zeit mehr verlieren. Schließlich hatte er den Freund eine ganze Woche lang nicht gesehen.

»Vergiß nicht, dich zu waschen und dir die Zähne zu putzen!« rief ihm die Großmutter nach, als er aus der Küche stürmte.

»Ja, ja«, entgegnete Ryan und verschwand für zwei Minuten im Badezimmer.

Ein kalter Wind schnitt ihm ins Gesicht, und die Sonne thronte wie ein blasses Goldstück am grauen Winterhimmel. Die Berge verschwanden im

Dunst, der das Land einhüllte. Nur für wenige Stunden würde das Tageslicht anhalten, bevor die lange Nacht sich wieder ausbreitete. Diese wenigen Stunden galt es zu nutzen. Ryan zog seine Mütze fester über die Ohren. Das Forsthaus war nicht weit entfernt. Es lag am Eingang eines Seitentales direkt am Fluß Ey, von dem Inverey seinen Namen erhalten hatte. Inver bedeutet nämlich Flußmündung, und so ist Inverey die Mündung des Flusses Ey.

Als Ryan um die Ecke bog, sah er Gordon bereits mit seinem Vater auf dem Hof stehen. Sie hatten anscheinend gerade eine Ladung Holz aus dem Wald geholt, das sie nun an der Hauswand aufschichteten.

»Hallo, Gordon! Hallo Mr. MacPhearson!« grüßte Ryan die beiden und trat näher.

»Du kommst gerade zur rechten Zeit«, sagte Gordons Vater. »Möchtest du dir ein paar Schilling verdienen?« Ryan nickte sofort. Gegen Taschengeld hatte er nie etwas einzuwenden.

»Wenn du mit Gordon zusammen den Holzstapel aufrichtest, gebe ich euch beiden fünfzig Pence.« Mr. MacPhearson deutete auf die Scheite, die zu seinen Füßen lagen. Ryan warf einen Blick auf Gordon. Dieser grinste ihn fröhlich an. »Na klar mach' ich das«, sagte Ryan und bückte sich bereits nach einem besonders dicken Klotz.

»Warte!« warf Gordons Vater ein. »Ich gebe dir ein paar alte Lederhandschuhe, damit du dir keinen Splitter einziehst. Und die großen Brocken packt ihr lieber zusammen an.« Er ging in den Schuppen und kehrte kurz darauf mit den Handschuhen zurück.

Sie waren Ryan natürlich viel zu groß, aber immerhin hielten sie seine Finger warm und schützten ihn vor den Splittern.

Die Jungen arbeiteten schweigend Hand in Hand. Der Stapel an der Wand wuchs mit jedem Scheit, während der Haufen auf dem Boden immer kleiner wurde. Schließlich waren alle Klötze aufgeschichtet. Gordon deutete mit einer Handbewegung auf die Haustür. Dann tat er, als führte er eine Tasse zum Mund und rieb sich dabei den Bauch.

»Du meinst, wir sollen reingehen und was trinken?« fragte Ryan. Gordon nickte und marschierte auch schon los.

Wenig später standen sie in der Küche. Gordons Mutter war gerade dabei, dem Baby seinen Brei füttern. Die dreijährige Mairi sah ihr dabei zu. Gordon liebte seine kleinen Schwestern, und sie sahen voller Bewunderung zu ihrem großen Bruder auf, der so viel konnte, was sie noch nicht konnten. Außer dem Baby und Mairi gab es noch die fünfjährige Paula, doch sie war gerade irgendwo mit ihrem Kätzchen zugange.

»Möchtet ihr eine Tasse heißen Kakao?« fragte die Mutter. Die Jungen nickten.

»Ich auch!« meldete sich Mairi zu Wort. Die Mutter stand auf und drückte Gordon das Schälchen mit dem Brei in die Hand. Ohne zu zögern, setzte er die Fütterung des Babys fort, während die Mutter einen Topf mit Milch füllte.

»Seid ihr mit dem Holz schon fertig?« wollte sie wissen.

»Ja, es ist alles aufgeschichtet«, entgegnete

Ryan. In diesem Augenblick erschien Gordons Vater in der Tür. »Ich habe gesehen, daß ihr gute Arbeit geleistet habt«, sagte er und drückte jedem der Jungen das versprochene Geldstück in die Hand. Ryan strich mit seinen Fingerspitzen über die Kanten* des Geldstücks. In Inverey gab es keinen Laden, aber vielleicht konnte er ja etwas dafür kaufen, wenn er wieder einmal mit den Eltern in Braemar war. Jetzt bekamen sie erst einmal den heißen Kakao vorgesetzt, und dann wurde es Zeit, einen Streifzug durch den Wald zu unternehmen.

Ryan hatte es nie als störend empfunden, daß Gordon weder hören noch sprechen konnte. Vielmehr hatte er mit Begeisterung die Zeichen der Taubstummensprache gelernt. Oft verstanden sich die Jungen aber auch ohne Worte, zum Beispiel, als sie an diesem Morgen aus dem Wald heraustraten und Gordon plötzlich seine Nase rümpfte. Ryan blieb stehen. Auch er hatte etwas gerochen. »Da hat jemand ein Feuer gemacht«, sagte er leise. Sie liefen weiter. Unten auf der Dorfstraße blieben sie dann wie angewurzelt stehen.

»Es brennt! Unser Haus brennt!« rief Ryan erschrocken. Wie der Blitz schossen sie beide los.

Der Qualm kam offensichtlich aus der Küche. Als Ryan näherkam, sah er, daß das Fenster weit offenstand, ebenso die Haustür. Der Rauch brannte ihm in den Augen. Gordon hustete.

»Mami! Kirsty! Großmutter! Wo seid ihr?« Ryan hastete auf die Haustür zu. Gordon blieb ihm dicht

* Ein Fünfzig-Pence-Stück hat sechs Ecken.

auf den Fersen. »Wo seid ihr?« rief Ryan noch einmal und wurde ebenfalls von einem Hustenanfall gepackt. Da stand plötzlich die Großmutter vor ihm. »Es ist alles in Ordnung«, sagte sie. »Das waren nur die Kekse. Kirsty hat vergessen, sie rechtzeitig aus dem Ofen zu holen. Bleibt draußen, bis sich der Rauch verzogen hat.«

Ryan und Gordon kehrten wieder um. Sie liefen um das Haus herum und auf die offene Stalltür zu. Dort fanden sie Kirsty, die sich in den Armen der Mutter ausweinte.

»Ist ja gut, mein Herzchen«, tröstete diese ihre Tochter. »Wir machen neuen Teig, und das nächste Mal stellen wir den Wecker auf. Dann kann so was nicht wieder passieren.«

Als die Küche wieder begehbar war, machten sich die Kinder zu dritt an die Arbeit, den Teig zu kneten. Während sie darauf warteten, daß er aufging, zeigten Ryan und Kirsty Gordon ihre kleinen Rindenhäuser. Ryan hatte im Wald sogar eine Eichelpfeife gefunden, die Kirsty jetzt als Schornstein bekam. »Damit dir nicht wieder die ganze Küche verqualmt«, setzte er scherzhaft hinzu, und Kirsty konnte sogar darüber lachen.

Schließlich war es an der Zeit, den Teig auszurollen und die Plätzchen auszustechen. Dann kamen sie aufs Backblech und in den Ofen. Diesmal paßten die Kinder genau auf. Nach fünfzehn Minuten klingelte der Wecker, und der Teig war knusprig braun.

»Mmm!« machten die Kinder und sahen sich mit großen Augen an. Der Duft des frischen Backwerks kitzelte ihnen in der Nase. Am liebsten hätten sie alles sofort aufgegessen. Aber die Großmutter erlaubte jedem nur ein Plätzchen.

»Der Rest ist für morgen, wenn wir den ersten Advent feiern«, sagte sie, während die Plätzchen in einer Dose auf dem Küchenschrank verschwanden.

Backen von Adventsplätzchen

Zutaten: 250 g Mehl, eine Prise Salz, 125 g Puderzucker, 150 g geriebene Mandeln, 250 g Butter, 3 Eigelb, Puderzucker zum Bestreuen

Backanweisung:
Siebe Mehl und Salz in eine Schüssel. Dann mische den Zucker und die geriebenen Mandeln dazu. Nun kommen Butter und Eigelb in die Mitte und wollen mit den Fingerspitzen mit dem Rest vermischt werden. Gut durchkneten, bis der Teig locker ist. Dann mußt du ihn zudecken und für 30 Minuten stehenlassen. Heize den Ofen vor auf 180° C. Wenn der Teig aufgegangen ist, streue etwas Mehl auf den Tisch, und rolle ihn aus. Dann steche Formen aus, oder forme Figuren mit den Fingern. Lege sie auf ein gefettetes Backblech, und schiebe sie in den Ofen. Die Backzeit beträgt 15 Minuten. Wenn du willst, kannst du die Plätzchen hinterher mit Puderzucker bestreuen. Viel Spaß dabei!

Warum Ryan und Kirsty einen Rätselbogen bekamen

Die Mutter hatte nicht vergessen, den Adventskranz vom Dachboden herunterzuholen. Als Ryan und Kirsty am Morgen in die Stube traten, wurden sie von dem Schein einer flackernden Kerze begrüßt. »Oh!« sagte Kirsty mit vor Staunen weit aufgerissenen Augen.

»Der erste Advent«, flüsterte Ryan. »Jetzt wird es schon richtig weihnachtlich.« Er setzte sich auf das Sofa neben die Großmutter und ließ noch etwas Platz für Kirsty. Doch diese wollte lieber in dem Sessel bei ihrer Mutter sitzen. Der Vater hatte auf dem Holzstuhl Platz genommen. Der bot seinem Rücken mehr Halt als die weichen Polster, pflegte er zu sagen.

»Ja, heute ist der erste Advent«, meinte er, als die Kinder saßen. »Und du hast recht, Ryan, es wird Zeit, daß wir uns auf Weihnachten vorbereiten.« Er nahm das große schwarze Buch zur Hand, aus dem er jeden Sonntagmorgen der Familie etwas vorlas. Heute schlug er das Lukasevangelium auf und las, wie Gott einen Engel zu der Jungfrau Maria schickte. Sie mußte sich wohl mächtig erschrocken haben, als dieser fremde Bote plötzlich in ihrem Zimmer stand. »Fürchte dich nicht, Maria, du hast

Gnade bei Gott gefunden«, sagte der Engel zu ihr, und dann gab er ihr ein Geheimnis bekannt, nämlich daß sie einen Sohn bekommen würde, dessen Vater Gott allein war. Sie sollte ihn Jesus nennen, und er würde für immer König sein. Maria konnte das zuerst nicht fassen. Doch der Engel wußte, wovon er sprach. Er brachte die Botschaft direkt von Gott, und dem war schließlich nichts unmöglich. So willigte Maria ein und sagte: »Ich will ganz für Gott dasein. Es soll geschehen, wie du es gesagt hast.«

Der Vater klappte das Buch wieder zu. Für einen langen Augenblick war es sehr still. Dann räusperte sich die Großmutter und griff nach einem Blatt Papier, das neben ihr auf der Sofalehne lag. »Ich hab' etwas für euch«, sagte sie. Ryan und Kirsty wußten sofort, worum es sich handelte. »Ein Lied!« riefen sie gleichzeitig aus. »Ein Lied von der Großmutter, extra zum Advent«, fügte Ryan hinzu und beugte sich vor, um auf das Blatt sehen zu können.

»Ja, es ist ein Lied über den Engel und Maria«, entgegnete die Großmutter. »Wollt ihr es lernen?« Ryan und Kirsty nickten heftig mit dem Kopf. Und ob sie das wollten! Großmutters Lieder waren immer etwas Besonderes, weil sie extra für Ryan und Kirsty gedichtet waren. Die Mutter nahm ihre Flöte aus dem Regal, und die Großmutter hielt ihr den Bogen mit den Noten hin. Da klang die Melodie auch schon durch den Raum.

»Klingt etwas traurig«, bemerkte Kirsty leise.

»Nein, feierlich«, verbesserte Ryan, »oder auch

ein bißchen geheimnisvoll.« Der Text war nicht schwer zu lernen, und bald sangen sie alle zusammen:

»Ein Engel zu Maria kam
und sprach: Fürchte dich nicht,
||: auch wenn die Botschaft, die ich bring',
nicht einfach ist für dich. :||

Gott möchte in die Welt hinein
als Mensch den Menschen nahen.
||: Er will in deinem Bauch gedeihn,
drum sage du doch ja. :||

Der große Gott, der dich erschuf
und alle Welt gemacht,
||: begibt sich auf die Erde nun
in dieser stillen Nacht. :||

In deinem Bauch ein Nest sich baut
und wächst dort still heran,
||: bis zu dem Tag, da du ihn hältst
so sanft in deinem Arm. :||

Und habt ihr dieses Lied gehört,
so wißt ihr Kinder nun,
||: daß Gott auch heut noch Einzug hält,
in deinem Herz zu ruhn. :||

Die Töne hingen noch in der Luft. Der Vater hatte mal wieder eine zweite Stimme erfunden, die er mit seinem tiefen Baß dazu sang.

»Ich hab' Jesus schon in mein Herz reingelassen«, verkündete Kirsty auf einmal. »Aber er ruht nicht da drin, sondern er sagt mir immer, was ich tun soll, und vor allem sagt er mir, daß Gott mich liebhat.«

Ryan wollte etwas darauf entgegnen, doch die Großmutter kam ihm zuvor. »Ein Baby ruht auch nicht immer im Bauch seiner Mutter«, sagte sie, »aber wenn es darin willkommen ist, dann ist es ganz beruhigt. Und so hab' ich das auch mit Gott in unseren Herzen gemeint.«

Ryan hatte die Dose mit dem Gebäck entdeckt, die auf der Ablage über dem Kamin stand. »Dürfen wir jetzt von den Plätzchen essen?« fragte er. Die Mutter sah auf die Uhr. »Ein oder zwei können wir uns jeder gönnen, aber dann müssen wir uns für die Kirche fertig machen.« Sie stand auf und nahm die Keksdose von der Ablage. Die Plätzchen waren süß und knusprig. Ryan und Kirsty hätten am liebsten noch mehr davon gegessen.

Da die kleine Kirche von Inverey vor zwei Jahren einem Sturm zum Opfer gefallen war, mußten die Dorfbewohner nach Braemar zum Gottesdienst gehen. Ryan, Kirsty und der Vater fuhren meistens im Jeep des Försters mit, während die Mutter und die Großmutter von Mrs. Forbes abgeholt wurden. Am Eingang der Kirche trafen sie sich dann alle wieder, um gemeinsam hineinzugehen.

Ryan und Kirsty gingen gerne zur Kirche. Am Anfang war es ihnen manchmal ein bißchen langweilig, aber nach dem zweiten Lied nahmen Conny und Steven sie mit hinüber ins Gemeindehaus für ein extra Kinderprogramm. Sie waren etwa ein Dutzend Kinder, das Jüngste gerade vier Jahre alt und der Älteste zwölf. »Wißt ihr, was heute für ein Tag ist?« begann Conny, als sie alle im Kreis versammelt waren.

»Sonntag«, entgegneten mehrere Kinder.

»Der dritte Dezember«, sagte ein Mädchen.

»Der erste Advent.« Kirsty sah triumphierend zu ihr auf.

»Und was bedeutet Advent?« wollte Conny wissen. Auf diese Frage wußte niemand eine Antwort. Ryan gab Gordon in der Zeichensprache zu verstehen, worum es ging. Da leuchteten auf einmal seine Augen, und er griff nach einem Stück Papier und einem Wachsstift. »ANKUNFT«, schrieb er in großen Buchstaben darauf. Ryan zog seine Stirn in Falten. Er fragte sich schon, ob er mit seinen Zeichen etwas falsch gemacht hatte, als Conny auf das Blatt aufmerksam wurde. »Ankunft«, las sie laut. »Du hast recht, Gordon: Advent heißt Ankunft.« Ryan sah immer noch verwirrt drein. Doch da fiel es ihm auf einmal wie Schuppen von den Augen. Sicher! Sie warteten ja in diesen Tagen auf Jesu Ankunft, der zu Weihnachten geboren war. Aber manchen Kindern wollte das noch nicht so recht einleuchten.

»Jesus kommt doch nicht jedes Jahr wieder an«, gab James zu bedenken.

»Wir warten aber jedes Jahr auf Weihnachten«, entgegnete Kirsty. »Schließlich werden wir auch nicht jedes Jahr wieder geboren, und trotzdem feiern wir jedes Jahr unseren Geburtstag.«

»Aber nur, solange wir leben«, erwiderte James hartnäckig.

»Jesus lebt ja auch«, warf da der älteste Junge ein, »und eines Tages wird er noch einmal auf die Erde kommen, nicht als Kind, sondern als König, vor dem alle niederfallen müssen.« Seinen Worten folgte eine plötzliche Stille. James schluckte. Ryan rutschte unruhig auf seinem Stuhl herum.

»Stimmt das?« fragte die fünfjährige Paula auf einmal. Conny und Steven nickten beide. »Ja, so steht es in der Bibel geschrieben«, meinte Steven.

»Warum müssen wir denn aber vor ihm niederfallen?« fragte Kirsty mit ängstlicher Stimme.

»Ich bin ganz sicher, daß du direkt in seine Arme fällst«, entgegnete Conny und lächelte ihr aufmunternd zu. »Niederfallen tun nur die Leute, die vorher nicht an ihn glauben wollten und sich bei seiner zweiten Ankunft furchtbar erschrecken. Aber du hast Jesus ja schon einen ganz besonderen Platz in deinem Herzen eingeräumt.«

Kirsty nickte. »Ja, Gott ruht in meinem Herzen«, sagte sie, wobei ihre Augen wieder zu leuchten begannen. Das brachte Ryan auf eine Idee.

»Die Großmutter hat uns heute morgen ein Lied beigebracht, eins von ihren eigenen. Sollen wir euch das beibringen?« Conny und Steven waren gerne damit einverstanden, doch zunächst wollten sie den Kindern noch die Geschichte erzählen, die für heute auf dem Programm stand. Es war doch tatsächlich die gleiche, die der Vater am Morgen aus der Bibel vorgelesen hatte. Da paßte das Lied natürlich besonders gut. Ryan konnte sich nicht mehr an alle Zeilen erinnern, aber Kirsty wußte noch den ganzen Text. Die Melodie hatten sie beide nicht vergessen, und Steven fielen sogleich Akkorde auf seiner Gitarre dazu ein.

»Das war großartig!« sagte Conny, als sie geendet hatten. Nun blieb noch Zeit für zwei alte Adventslieder und für ein paar Spiele, bevor der Gottesdienst vorüber war und die Kinder zu ihren Eltern zurückkehrten. Ryan wollte gerade davonstürmen, als Steven ihn zurückhielt.

»Möchtest du diesen Rätselbogen haben als Belohnung für euer Lied?« fragte er und hielt Ryan dabei den Bogen entgegen. »Ich habe leider nur diesen einen, aber ich bin sicher, daß du ihn mit Kirsty teilen kannst. Zu zweit geht es ja auch leichter.« Ryan nahm den Bogen gerne an. Er zeigte ihn Kirsty, und sie freuten sich beide schon darauf, das Rätsel zu lösen. Doch zunächst wartete noch so viel anderes auf sie. Der Sonntag verging immer wie im Fluge und noch dazu, wenn es sich um den ersten Advent handelte.

Viel Freude beim Lernen des Liedes!
Mit Flöte, Geige, Gitarre usw. klingt es noch
schöner.
Strophen 2 bis 5 findet ihr in der Geschichte.

Warum Ryan in der Pause nachsitzen mußte

Diesmal war es Kirsty, die erschrocken aus dem Bett sprang und dachte, sie hätte verschlafen. Es war so hell im Zimmer, daß sie die Bücher im Regal voneinander unterscheiden konnte. Schnell lief sie ans Fenster und schob den Vorhang beiseite. Doch was war das? Die Scheibe war mit einer dicken Eisschicht versehen. Kirsty drehte sich um und lief die Treppe hinunter. Im Haus war alles still. Waren die andern womöglich alle davongegangen und hatten sie einfach vergessen? Sie wollte in die Küche gehen, doch dann entschied sie sich anders. Ihre Füße trugen sie geradewegs zur Haustür. Kirsty drückte auf die Klinke. Die Tür öffnete sich. Im Winter wurde sie nie abgeschlossen, weil die Mutter Angst hatte, daß das Schloß vereisen konnte, und dann wären sie drinnen eingesperrt oder draußen ausgesperrt. Als Kirsty ihren Kopf durch die Tür streckte, erschrak sie abermals. Ja, es war hell, aber nicht von der Morgendämmerung. Die würde noch eine Weile auf sich warten lassen. Was es hell machte, war eine dünne Decke von Neuschnee, die sich lautlos über das Land gebreitet hatte. »Huh!« sagte Kirsty, denn sie begann auf einmal zu frieren. Schnell zog sie ihren Kopf wieder ein und schloß die Tür.

»Schnee«, dachte sie, wobei ein angenehmes Prickeln über ihren Rücken lief. »Vielleicht können wir heute nicht zur Schule gehen. Dann erfindet die Großmutter wieder Aufgaben für uns.« Sie drehte sich um und huschte die Treppe hinauf, um noch einmal unter ihrer warmen Decke zu verschwinden. Wenig später kam die Mutter zum Wecken herein. »Wenn du nach draußen gehst, kannst du eine Überraschung sehen«, flüsterte sie Kirsty ins Ohr. Diese blinzelte sie verschlafen an. »Eine Überraschung?« fragte sie. Die Mutter nickte. Da erinnerte sich Kirsty, wie sie einen Blick aus der Tür geworfen hatte. Oder war es nur ein Traum gewesen? Sie stützte sich auf die Ellenbogen und sagte nachdenklich: »Ich glaube, es hat heute nacht geschneit.« Die Mutter sah sie erstaunt an. »Woher weißt du das denn?« Jetzt mußte Kirsty auf einmal lachen. »Weil ich's schon gesehen habe«, sagte sie und sprang mit einem Satz aus dem Bett.

»Schnee?« Auch Ryan brauchte heute nicht zweimal geweckt zu werden. »Schnee vor dem Haus? Das muß ich sehen!« Er stürmte die Treppe hinunter und sogleich in den Garten hinaus. »Schnee!« hörte die Mutter ihn jubeln. »Jetzt können wir einen Schneemann bauen und eine Schneeballschlacht abhalten!« Er rannte barfuß über den weißen Teppich und ließ seine Finger über die schneebedeckten Zweige der kahlen Buche gleiten. Eine Kostprobe der zarten Flocken landete in seinem Mund. Schnee! Nun war er endlich bis ins Tal gekommen. Ryan warf einen Blick auf die Straße. Die Schicht maß nur wenige Zentimeter, nicht genug, um den Schneepflug auf Achse zu schicken. »Aber wenn das Wetter noch ein paar Tage andauert, dann sind wir vielleicht bald eingeschneit.« Noch war es aber nicht soweit, und die Mutter rief ihn von der Haustür und ermahnte ihn, sich für die Schule fertig zu machen.

Der Schulbus kam heute ein wenig zu spät. Der Fahrer war noch brummiger als sonst und machte keinen Hehl daraus, daß ihm dieses Wetter überhaupt nicht gefiel.

In Braemar war der meiste Schnee schon wieder weggetaut. Nur auf den Dächern der Häuser und in den Vorgärten zeigte sich noch der weiße Flaum. Kirsty schrieb in der ersten Schulstunde ein kurzes Gedicht, das sie stolz ihrer Lehrerin zeigte. Mrs. Sinclair fand es so gut, daß Kirsty es der ganzen Klasse vortragen durfte. Sie wurde ein wenig rot im Gesicht, als sie ihre Zeilen aufsagte.

> »In der Morgenfrühe
> froren mir die Zeh,
> denn an meinem Fenster
> lauerte der Schnee.
> Schnell ging ich nach draußen,
> um ihn anzusehn,
> doch weil mir so kalt war,
> mußt' ich wieder gehn.«

Ryan kämpfte hingegen mit ein paar langen Rechenaufgaben. Seine Gedanken wanderten immer wieder davon zu dem gefrorenen Teich hinter der

Scheune, auf dem er bald Eishockey spielen konnte, und zu dem Schnee auf den Zweigen der Bäume, der gerade ausreichte, um Schneebälle daraus zu formen. Mr. MacKenzie mußte ihn mehrmals ermahnen, mit seinen Aufgaben fortzufahren. Schließlich kritzelte Ryan flüchtig ein paar Zahlen auf das Papier. Natürlich war die Hälfte davon falsch. Mr. MacKenzie ließ ihn alles noch einmal rechnen. Ryan schmollte für eine Weile vor sich hin. Er wünschte, es hätte noch mehr geschneit, so daß der Schulbus nicht nach Inverey gelangen konnte. Doch dann hätte ihm die Großmutter ähnliche Aufgaben gestellt, und sie war nicht weniger streng mit der Kontrolle als Mr. MacKenzie. Irgendwann erlöste ihn die Schulglocke von seinen trüben Gedanken. Ryan sprang auf. Er eilte zur Tür und stellte sich hinter Malcolm. Sie durften erst nach draußen gehen, wenn alle Kinder in Reih und Glied standen und der Lehrer das Zeichen zum Abmarsch gab.

»Wir machen eine Schneeballschlacht«, raunte Ryan seinem Freund zu. »Auf der Mauer liegt noch genug Schnee. Das kann man von hier aus sehen.« Malcolm nickte ihm mit großen Augen zu. Endlich hatten sich alle Kinder aufgestellt. Doch da rief Mr. MacKenzie plötzlich Ryan zu sich und sagte streng: »Du bleibst drin, bis du deine Rechenaufgaben gelöst hast.« Seine Worte trafen Ryan wie ein Fausthieb. Für einen Augenblick stand er mit offenem Mund da und war unfähig, sich zu rühren.

»Am besten machst du dich gleich an die Arbeit, sonst ist die Pause herum, bevor du fertig bist«, sagte der Lehrer und öffnete für die anderen Kinder die Tür. Ryan stand immer noch am gleichen Fleck, als der Klassenraum plötzlich leer war. Er hatte sich so auf die Pause gefreut, ja, die Pausen waren das schönste an der ganzen Schule. Und nun mußte er allein im Klassenraum bleiben und seinen Kopf mit diesen dämlichen Zahlen füllen. Das war gemein. Den Tränen nahe, trottete er auf seinen Platz zurück.

»Mr. MacKenzie ist gemein«, pochte es in seinem Kopf. »Er ist ein blöder Kerl, und die Rechenaufgaben sind genauso blöd!« Am liebsten hätte er das Blatt zerrissen. Aber er wußte, daß er sich dann auf eine saftige Strafe gefaßt machen konnte. So überwand er sich schließlich und beugte sich noch einmal über den Aufgabenbogen. Doch seine Gedanken kreisten schon wieder um Schnee und Schneebälle. Er warf einen Blick aus dem Fenster und sah sehnsüchtig, wie die anderen Kinder auf dem Hof ihren Spaß hatten. Anscheinend war Malcolm ein Spiel eingefallen, denn er teilte gerade einige Kinder in zwei Gruppen ein. »Vielleicht zwei Mannschaften für eine Schneeballschlacht«, ging es Ryan durch den Kopf. Ja, jetzt liefen sie auch schon zur Mauer und kratzten den Schnee von den Steinen. »Wenn jeder vier Schneebälle formt und in jeder Mannschaft fünf Kinder sind, dann macht das . . . zwanzig Schneebälle pro Mannschaft«, überlegte Ryan. »Wenn es aber nur für drei Schneebälle reicht, dann haben sie zusammen nur . . . fünfzehn.« Seine Gedanken gingen noch weiter. »Wenn einer drei Schneebälle formt und ein anderer vier und ein anderer sogar fünf . . .« Plötzlich kam ihm eine Idee. Er sah wieder auf sein Blatt mit den Aufgaben. Die Zahlen verwandelten sich in Kinder und Schneebälle, und auf einmal machte das Rechnen sogar Spaß. Ehe sich Ryan versah, hatte er auch schon alle Aufgaben gelöst. Er stand auf und trug das Blatt zum Lehrerpult. Jetzt noch schnell in die Jacke und Stiefel schlüpfen, dann konnte er vielleicht noch für einige Minuten frische Luft genießen.

Mr. MacKenzie war nicht wenig beeindruckt, als er Ryans Aufgaben durchsah. »Alles richtig«, sagte er, als er ihm später den Bogen zurückgab. »Ich wußte doch, daß du das ausrechnen kannst. Du mußt nur wollen, dann wird es auch.« Ryan grinste still vor sich hin, während er im Geiste noch einmal die Kinder und Schneebälle vor sich sah. Da fragte der Lehrer ein wenig verwirrt: »Was gibt es denn da zu grinsen?« Ryan zögerte einen Augenblick. Dann meinte er: »Ich kann aber nur wollen, wenn es interessant ist.«

»Und was hat die Aufgaben auf einmal so interessant gemacht?« wollte Mr. MacKenzie wissen. Ryan suchte nach Worten, um die Sache zu erklären. Schließlich deutete er auf das Blatt mit den Rechenaufgaben und sagte, wobei sein Zeigefinger unter den Zahlen herfuhr: »Zwei Kinder formen vier Schneebälle und drei Kinder formen drei Schneebälle, das macht zusammen siebzehn Schneebälle.« Der Lehrer staunte nicht schlecht. »So hast du das also gerechnet«, sagte er nachdenklich. »Für die Idee müßte ich dir eigentlich einen extra Punkt geben.«

Ryan war mit diesem Lob sehr zufrieden. Er strengte sich sogar in der nächsten Stunde noch mehr an, um Mr. MacKenzies Wohlwollen nicht zu verlieren.

Auf der Heimfahrt im Schulbus fragte Kirsty auf einmal: »Wo hast du eigentlich den Rätselbogen hingetan, den uns Steven gestern geschenkt hat?« Sie wußte selber nicht, warum sie sich gerade jetzt daran erinnerte.

»Ach ja, der Rätselbogen . . .« Ryan mußte einen Augenblick überlegen. Dann fiel es ihm wieder ein. »Der liegt in meinem Zimmer auf der Kommode neben der Kinderbibel.«

»Du hast ihn doch noch nicht alleine ausgefüllt?« fragte Kirsty ein wenig vorwurfsvoll.

»Nein, ich hab' gar nicht mehr daran gedacht«, entgegnete Ryan schnell. »Wir können ihn uns ja gleich vornehmen, wenn wir nach Hause kommen.«

Kirsty nickte zustimmend und sah wieder aus dem Fenster, wo die weiße Landschaft an ihnen vorüberglitt.

Rätselbogen:

1. Ein Gefäß zum Wassertragen ___ ___ ___ ___ ___
2. Schottischer Jungenname ___ ___ ___ ___
3. Anderer Name für Wohnzimmer ___ ___ ___ ___ ___
4. Baum, der im Winter grün ist ___ ___ ___ ___ ___
5. Reittier von Maria ___ ___ ___ ___
6. Eine dornige Blume ___ ___ ___ ___

1. Ein Körperteil ___ ___ ___
2. Oben auf dem Haus ___ ___ ___ ___
3. Er singt mit tiefer Stimme ___ ___ ___ ___ ___
4. Wasservogel ___ ___ ___ ___
5. Mit ihnen schreibt man Musik ___ ___ ___ ___ ___
6. Ungebackene Plätzchen ___ ___ ___ ___

Lies die Anfangsbuchstaben von oben nach unten,
und du bekommst zwei Worte.
Viel Spaß beim Rätseln!

___ ___ ___ ___ ___ ___   ___ ___ ___ ___ ___

(Auflösung: Eimer, Ryan, Stube, Tanne, Esel,
Rose, Arm, Dach, Vater, Ente, Noten,
Teig = Erster Advent)

5. Dezember

Warum Kirsty durch die Schnee-
mauer sauste

In der Nacht heulte der Sturm ums Haus und rüttelte
an den Ästen der Bäume. Kirsty wachte mehrmals
davon auf. Sie war schon nahe dran, zu den Eltern
ins Bett zu schlüpfen, doch sie konnte sich nicht
dazu überwinden, ihre warme Decke zurückzu-
schlagen. Schließlich holte sie der Schlaf noch
einmal ein.

Als Ryan und Kirsty am nächsten Morgen einen
Blick aus der Haustür warfen, kamen sie aus dem
Staunen nicht heraus. Alles war weiß. Der zarte
Flaum auf den Ästen der Bäume war zu einer
dicken Schicht angewachsen, unter der sich das
Holz ächzend bog.

»So viel Schnee!« Da müssen wir heute bestimmt nicht zur Schule!« rief Kirsty aus. Die
Großmutter seufzte. »Ich befürchte, du hast recht.«
Sie sahen dem Vater nach, der sich mit seinen
Skiern auf den Weg machte, wobei der Rucksack
mit den Werkzeugen auf seinem Rücken saß. Aus
dem Stall drang das Brüllen einer Kuh. Ryan und
Kirsty gingen ins Haus zurück. Während sie in der
Küche ihren Haferbrei löffelten, meinte Ryan auf
einmal nachdenklich: »Wir haben doch noch den
alten Schlitten, den mit den richtigen Kufen, auf
dem wir letztes Jahr immer den Hügel runter-

41

gesaust sind.« Die Großmutter schob gerade Holz in den Ofen. »So weit ich weiß, hat euer Vater ihn auf dem Heuboden verstaut«, entgegnete sie.

»Ich werde nach dem Frühstück gleich mal nachgucken«, meinte Ryan.

»Ich darf aber auch darauf fahren«, warf Kirsty schnell ein.

»Na klar«, murmelte Ryan, wobei ihm die Milch aus dem Mund tropfte. Die Großmutter schloß gerade die Ofenklappe und wischte sich die Hände an der Schürze ab. »Nach dem Frühstück setzt ihr euch erst einmal schön in die Stube und macht ein paar Aufgaben«, sagte sie, ohne sich zu den Kindern umzudrehen.

»Die können wir doch noch später machen«, protestierte Ryan. »Sonst taut der Schnee womöglich noch weg, und dann können wir gar nicht mehr Schlitten fahren.«

»Ach was, so schnell taut der nicht weg!« gab die Großmutter zurück. »Heute ist ein Schultag, und da werdet ihr auch Schulaufgaben machen.«

»Ich schreibe wieder ein Gedicht«, bot Kirsty sich sogleich an. Gedichteschreiben war zur Zeit eine ihrer Lieblingsbeschäftigungen.

»Ich schreibe gar nichts«, fügte Ryan mit dumpfer Stimme hinzu. Die Großmutter erwiderte nichts darauf. Sie kannte Ryans Launen nur zu gut und wußte, daß es am besten war, ihn damit in Ruhe zu lassen.

Wenig später waren die Kinder angezogen und nahmen in der Stube an dem hölzernen Tisch Platz. Im Kamin prasselte das Feuer und verbreitete eine wohltuende Wärme. Kirsty begann sogleich zu dichten, während Ryan auf die Aufgaben der Großmutter wartete. Seine Gedanken kreisten allerdings um den Schlitten. Ob er noch in Ordnung war? Und ob die Mutter ihm helfen würde, ihn vom Dachboden herunterzuholen? Wenn da bloß nicht erst diese dummen Aufgaben gewesen wären! Da kam die Großmutter auch schon herein und brachte ein Blatt Schreibpapier mit.

»Hier, das ist für dich, Ryan«, sagte sie und reichte ihm das Blatt. »Und nun schreib eine schöne Geschichte über einen Schlitten.« Ryan stützte sein Kinn auf die Hände und starrte mißmutig vor sich hin. »Schlitten – Schlitten – Schlitten . . .« pochte es gegen seine Stirn. »Ich will Schlitten fahren und nicht Schlitten schreiben!« Am liebsten hätte er das Blatt Papier zerrissen und wäre einfach nach draußen gelaufen. Da fragte ihn Kirsty auf einmal: »Wie schreibt man denn ›heult‹?«

»Was?« Ryan hob seinen Kopf. »Heult?« Kirsty nickte. »Ja: Der Wind heult ums Haus und bläst das Feuer aus«, zitierte sie die erste Zeile ihres Gedichtes.

»Was für ein Quatsch!« entgegnete Ryan verächtlich. »Das Feuer brennt doch gut!« Er deutete mit einer Kopfbewegung auf den Kamin.

»Aber wenn der Wind stärker bläst, dann geht es aus«, beharrte Kirsty.

»Das tut es nicht.« Ryan war so richtig in Kampfesstimmung. Er wußte, daß er seine Schwester sehr verletzt hatte, aber in diesem Augenblick wollte er das auch.

»Ist ja bloß ein Gedicht«, sagte Kirsty, die keinen Streit mochte.

»Ein blödes Gedicht«, gab Ryan zurück. In diesem Augenblick streckte die Großmutter ihren Kopf zur Tür herein, um zu sehen, wie die beiden vorankamen. Kirsty war den Tränen nahe. »Ich weiß nicht, wie man ›heult‹ schreibt«, sagte sie mit zitternder Stimme.

»Warum fragst du nicht Ryan? Der muß es doch wissen«, entgegnete die Großmutter. Ryan sah beschämt zur Seite. Jetzt konnte er sich gleich auf etwas gefaßt machen. Aber zu seinem Erstaunen verriet Kirsty ihn nicht. Sie wiederholte nur noch einmal ihre Zeile mit dem Wind, der das Feuer ausbläst.

»Das klingt sehr schön. Mach nur so weiter«, ermutigte sie die Großmutter. Dann reckte sie ihren Hals, um einen Blick auf Ryans Blatt Papier zu werfen. Dieser breitete schnell seine Arme darüber. »Ich bin noch nicht fertig«, sagte er. Die Großmutter drehte sich um und ging wieder in die Küche zurück. Ryan sah aus den Augenwinkeln zu Kirsty hinüber. Er konnte immer noch nicht fassen, daß sie ihn nicht verraten hatte. »›Heult‹ schreibt man so«, sagte er leise. »H E U L T.« Kirsty malte die Buchstaben auf ihr Papier. »Danke«, flüsterte sie und schrieb auch schon weiter.

Ryan betrachtete das leere Blatt Papier. Es erinnerte ihn an Schnee, und die Linien waren Spuren, die der Schlitten mit seinen Kufen hinterlassen hatte. So begann er zu schreiben: »Es war einmal ein Schlitten. Er hinterließ Spuren im Schnee . . .«

Nachdem die Großmutter ihnen noch ein paar Rechenaufgaben gestellt hatte, durften Ryan und Kirsty endlich nach draußen gehen. Die Mutter war gerade dabei, den Kuhstall auszumisten.

»Kannst du uns den Schlitten vom Heuboden herunterholen?« fragte Ryan hoffnungsvoll. Die Mutter ließ die Schubkarre stehen und stieg die steile Leiter hinauf. Sie bekam den Schlitten zu fassen und kletterte vorsichtig damit hinunter.

»Ist er noch in Ordnung?« wollte Ryan wissen.

»Ich denke schon«, entgegnete die Mutter. »Ihr müßt nur die Kufen wachsen, sonst bleibt der Schnee daran kleben.«

Die Großmutter hatte eine Dose, in der sie Kerzenstummel aufbewahrte. Sie drückte Kirsty und Ryan je einen davon in die Hand, und diese begannen, die Kufen des Schlittens damit zu wachsen. Die Kerzenstummel brachten Kirsty auf eine Idee. »Letztes Jahr haben wir in der Schule ein Wachsbild gemacht«, sagte sie nachdenklich. Ryan, der noch ein schlechtes Gewissen hatte, weil er vorhin so abfällig über ihr Gedicht hergezogen war, fragte interessiert: »Wie habt ihr das denn gemacht?«

»Ganz einfach«, entgegnete Kirsty. »Wir haben jeder einen Bogen festes Papier bekommen und dann die Kerzen angezündet und das Wachs darauf tropfen lassen.«

»Aha«, meinte Ryan, »ihr habt die Kerzen so gehalten, daß das Wachs zu einem Bild verlaufen ist.«

»Ja, und wir haben verschiedene Farben gehabt«, erinnerte sich Kirsty. »Vielleicht können wir das ja nachher auch machen.«

»Hm.« Ryan nickte. »Wenn wir vom Schlittenfahren genug haben.«

Gerade als sie mit ihrem Schlitten die Dorfstraße überquerten, sahen sie in der Ferne den Schneepflug um die Ecke biegen. »Schade, daß der alles wegschiebt«, sagte Kirsty wehmütig.

»Ach, auf unseren Hügel kommt der ja nicht«, entgegnete Ryan und stapfte entschlossen weiter.

Es war gar nicht so einfach, den Hügel hinaufzusteigen. Der Schnee ging den Kindern an manchen Stellen bis zu den Knien, und einmal versank Ryan sogar bis zum Bauch. »Paß auf! Hier ist eine Schneewehe«, warnte er Kirsty.

»Soll ich dir raushelfen?« fragte Kirsty schnell.

»Nein. Bleib lieber, wo du bist, sonst versinkst du auch noch«, entgegnete Ryan. Er stellte den Schlitten senkrecht in den Schnee und hangelte sich daran empor. Dann lief er im Bogen um die Schneewehe herum, die der Wind dort zusammengetragen hatte, und wenig später standen sie auch schon auf der Kuppe des Hügels. Dort mußten sie erst einmal für einen Augenblick verschnaufen.

»Ich fahre zuerst, um zu sehen, wie die Bahn ist«, sagte Ryan und setzte sich auf den Schlitten. Dieser wollte sich in dem tiefen Schnee zuerst gar nicht vorwärtsbewegen. Ryan mußte ein paarmal mit den Füßen nachhelfen. Schließlich kam er aber doch in Fahrt und sauste geradewegs in die weiße Wand, die der Schneepflug am Straßenrand aufgetürmt hatte.

»Heh, das macht Spaß!« rief er Kirsty zu und beeilte sich, zu ihr zurückzukehren. Als nächstes kam Kirsty an die Reihe. Sie jauchzte vor Freude, und ihre langen Zöpfe flatterten im Wind. Dafür hatte sie hinterher Mühe, den Schlitten wieder hinaufzuziehen. Ryan kam ihr auf halbem Wege entgegen und nahm ihr die Kordel ab. Dann sausten sie abwechselnd den Hügel hinunter, wobei die Bahn mit jedem Mal glatter und die Fahrt schneller wurde.

Wieder saß Kirsty auf dem Schlitten. Ryan meinte es nur gut mit ihr, als er ihr einen leichten Anstoß gab. Die Kufen sausten über den glattgeschliffenen Schnee, und Kirsty klammerte sich fest an das Holz. In Windeseile näherte sie sich der weißen Wand. Da stießen die Kufen des Schlittens auch schon in die Schneemauer hinein. Für einen Augenblick schlugen die weißen Massen über Kirsty zusammen. Schnee drang in den Kragen ihrer Jacke und füllte den Schaft ihrer Stiefel. Überall war Schnee. Er riß ihr die Mütze vom Kopf und drückte ihr die Augen zu. Dann drehte sich der Schlitten plötzlich im Kreis und blieb stehen. Kirsty wartete einen Augenblick. Ihre Hände umklammerten immer noch das Holz. Vorsichtig öffnete sie die Augen. Aber was war das? Der Schlitten war durch die Schneemauer gesaust und auf der Dorfstraße gelandet. Zum Glück fuhr an einem Tag wie diesem nur selten ein Auto vorbei. Kirsty versuchte, den Schnee aus ihrem Kragen zu schütteln. Dabei drückte sie ihn nur tiefer in ihre Jacke hinein. Auf einmal sah sie Ryan mit langen Schritten den Hügel hinabeilen. »Kirsty! Ist alles in Ordnung?« rief er schon von weitem. Kirsty war noch zu benommen, um ihm zu antworten.

»Hast du dir weh getan?« fragte Ryan, als er seine Schwester erreicht hatte. Kirsty schüttelte den Kopf. »Meine Mütze ist weg«, war das einzige, was sie entgegnete. Ryan drehte sich um und fand sie in dem Loch, das der Schlitten in die Schneemauer gebrochen hatte. »Hier«, sagte er und reichte Kirsty die Mütze. »Am besten gehen wir jetzt nach Hause. Ich kriege auch langsam Hunger.«

Kirsty durfte auf dem Schlitten sitzen bleiben, während Ryan sie nach Hause zog. Nach dem Mittagessen setzten sie sich beide an den Küchentisch und fertigten jeder ein Wachsbild an. Kirstys Bild zeigte einen Schlitten, der durch eine Schneemauer brach. Sie hatte den Schrecken noch nicht ganz überwunden.

Bastelarbeit: Wachsbild

Du brauchst einen Bogen festes Papier und ein paar verschiedenfarbige Kerzen oder Kerzenstummel. Bitte einen Erwachsenen, dir zu helfen, denn mit Feuer solltest du niemals allein sein. Zünde immer nur eine Kerze an, und halte sie so, daß das Wachs auf deinen Papierbogen tropft. Aber gib acht, daß du nicht zu dicht an das Papier herankommst, damit die Flamme der Kerze es nicht anzündet. Male ein Bild oder ein Muster, wie es dir gefällt. Viel Spaß dabei!

Warum Ryan versuchte, dem Nikolaus zu folgen

Die Großmutter hatte am Abend vor dem Niko-
laustag eine Idee gehabt. Es war schon etwas
Besonderes, daß sie überhaupt an das Nikolausfest dachte, denn in Schottland wird es nicht
gefeiert. Die Großmutter hatte aber als junges Mädchen in einer Familie im Schwarzwald gearbeitet
und dabei gesehen, wie die Kinder am Abend vor
dem 6. Dezember ihre Stiefel vor die Tür stellten,
damit sie in der Nacht mit guten Sachen gefüllt
wurden. Auch die Geschichte vom Nikolaus hatte
sie dort kennengelernt und fand es an der Zeit, sie
Ryan und Kirsty zu erzählen.

»Der Nikolaus lebte vor langer, langer Zeit, und
er war ein reicher Mann«, begann sie, als die Kinder
im Schlafanzug vor dem Kamin saßen. »Aber in
dem Land, in dem er lebte, gab es viele arme
Menschen, vor allem arme Kinder, deren Eltern
gestorben waren und die nun für sich selber sorgen
mußten.«

Ryan und Kirsty hörten gespannt zu. Sie bekamen Mitleid mit den Kindern, die am Straßenrand
um ein Stück Brot bettelten oder für reiche Bauern
arbeiteten und dabei nicht einmal genug zu essen
bekamen. Sie dachten an ihre warmen Jacken und
Stiefel, als die Großmutter von den Lumpen erzähl-

te, in die sich manche Kinder hüllen mußten. Viele hatten auch bloß einen alten Sack als Kleidung, und Schuhe konnte sich keines von ihnen leisten.

»Als der reiche Nikolaus eines Tages an diesen armen Kindern vorbeigeritten kam, packte ihn das Entsetzen«, fuhr die Großmutter fort. »Er schämte sich, daß er selbst Kleidung im Überfluß hatte und mehr Speisen, als er essen konnte. Und so zog er auf der Stelle seinen Mantel aus und gab jedem der frierenden Kinder ein Stück davon. Dann teilte er die Vorräte aus, die er bei sich hatte.« Kirstys Gesicht hellte sich ein wenig auf, aber Ryan schien noch nicht zufrieden. »Der soll sie doch mit auf sein Schloß nehmen, die armen Kinder!« warf er ein.

»Dafür waren es aber zu viele arme Kinder«, entgegnete die Großmutter. »Sie hätten auf seinem Schloß gar nicht alle Platz gehabt. Aber der Nikolaus tat, was er konnte, um den Kindern zu helfen, und eines Tages hatte er einen Traum.« Ryan und Kirsty spitzen noch einmal die Ohren.

»In dem Traum sah er Jesus vor sich, und er sagte zu dem Nikolaus: ›Was du für diese armen Kinder getan hast, das hast du für mich getan.‹ Da war der Nikolaus sehr glücklich, denn viele seiner reichen Verwandten und Freunde hatten ihn ausgelacht und beschimpft, weil er seinen Reichtum mit den armen Kindern teilte. Jetzt aber wußte er ganz sicher, daß es gut war, was er tat, denn Jesus war auf seiner Seite.« Ryan und Kirsty nickten zufrieden. »Ich hätte das auch gemacht«, sagte Kirsty sofort. »Ich hätte den Kindern auch geholfen.«

»Und ich hätte sie in mein Schloß geholt«, beharrte Ryan. »Ein Schloß ist doch groß. Da haben mindestens hundert Kinder Platz. Und wenn es nicht ausreicht, dann hätte ich es eben noch größer gebaut.«

Die Großmutter lächelte, doch dann wurde ihr Gesicht noch einmal ernst. »Es gibt immer noch viele arme Kinder auf der Welt«, sagte sie, »und die meisten reichen Leute haben kein so gutes Herz wie der Nikolaus.«

»Ich weiß«, meinte Ryan nachdenklich. »Da sind die hungernden Kinder in Afrika und die in den Bergwerken in Südamerika . . .«

». . . und die im Krieg ihre Eltern verloren haben und in Lagern leben müssen«, fügte Kirsty hinzu. Die Großmutter nickte. »Ja, und vor gar nicht langer Zeit gab es viele arme Kinder hier in Schottland. Wenn da nicht Menschen ihren Reichtum geteilt hätten, dann wären noch viel mehr von ihnen verhungert und erfroren. Aber zum Glück gibt es wenigstens einige Leute, die sich von Jesus das Herz öffnen lassen.« Jetzt fiel Ryan ein, daß sie in der Schule Pakete mit Kleidung und Spielsachen gepackt hatten, die an ein Waisenhaus in Rumänien geschickt wurden. Er hatte zwei seiner Spielzeugautos mit hineingetan und ein paar Hosen und Hemden, die ihm zu klein waren.

»Ich finde es eine gute Idee, sich an den Nikolaus zu erinnern«, sagte die Großmutter jetzt. »In Deutschland machen sie das so: Da stellen die Kinder am Abend ihre Stiefel vor die Tür, und am nächsten Morgen finden sie eine leckere Überraschung darin.« Kirsty sah mit großen Augen auf. »Hat die der Nikolaus da reingetan?« Die Großmutter lächelte ihr verschmitzt zu. »Wer auch immer, es war jemand, der Kinder in sein Herz geschlossen hatte und gerne mit ihnen teilen wollte.«

»Dann stell ich jetzt auch meine Stiefel vor die Tür«, sagte Ryan und stand sogleich auf.

An diesem Abend konnte er lange nicht einschlafen. Er dachte an die armen Kinder, nicht die, die vor langer Zeit gelebt hatten, sondern an die, die in diesem Augenblick hungern und frieren mußten. Und er dachte an den Nikolaus; nicht an einen alten Mann in rotem Mantel, wie er manchmal auf Weihnachtskarten und Geschenkpapier prangt, sondern an einen gewöhnlichen Mann oder auch einen Jungen, der das, was er besaß, mit den Armen teilte. Zum Schluß dachte er noch an Jesus und an seine geheimnisvollen Worte: »Was du für diese Kinder getan hast, das hast du für mich getan.« Und mit diesem Gedanken schlief er schließlich ein.

Kirsty erwachte wieder einmal als erste. Natürlich erinnerte sie sich gleich an den Abend zuvor und an die Stiefel, die sie vor die Haustür gestellt hatten. Sie war schon auf der Treppe, als sie plötzlich zögerte. Was, wenn der Nikolaus doch nicht vorbeigekommen war? Oder wenn sie ihm womöglich dabei begegnete, wie er ihre Stiefel füllte? Nein, die Sache war ihr zu riskant. Sie wollte lieber auf Ryan warten. Dieser schlief aber mal wieder wie ein Murmeltier. Schließlich wurde Kirsty das Warten zu langweilig. Sie ging in Ryans Zimmer und weckte ihn auf.

»Was ist denn los?« fragte Ryan gereizt und rieb sich den Schlaf aus den Augen.

»Unsere Stiefel . . .« flüsterte Kirsty. »Wollen wir nachgucken, ob der Nikolaus da war und was reingetan hat?« Plötzlich war Ryan hellwach. »Du hast recht: unsere Stiefel!« rief er aus und sprang mit einem Satz aus dem Bett. Sie schlichen die Treppe hinunter und blieben an der Haustür stehen. Ryan versuchte, einen Blick durch das Schlüsselloch zu werfen.

»Kannst du was sehen?« fragte Kirsty aufgeregt.

»Ich glaube, er ist gerade durch den Garten gehuscht«, entgegnete Ryan.

»Und hat er was in unsere Stiefel getan?« wollte Kirsty wissen.

»Das kann ich nicht erkennen.« Ryan trat vom Schlüsselloch zurück und legte seine Hand auf die Klinke. »Soll ich?« fragte er. Kirsty nickte. Da öffnete er langsam die Tür.

»Oh!« rief Kirsty aus und sprang mit einem Satz auf ihre Stiefel zu. »Da sind Mandarinen drin und Nüsse!«

»Und Schokolade«, setzte Ryan hinzu. Sie untersuchten den Inhalt ihrer Stiefel, bis es ihnen auf der Türschwelle zu kalt wurde.

»Ich gehe rein«, sagte Kirsty und zog sich mit schlotternden Knien ins Haus zurück. Ryan packte seine Sachen wieder in die Stiefel. Dann sah er auf einmal auf. Auf seiner Stirn zeigten sich Falten, während er seinen Blick über den Hof schweifen ließ. »Was ist?« wollte Kirsty wissen.

»Ich glaube, ich habe seine Spuren entdeckt«, entgegnete Ryan.

»Was für Spuren?« Kirsty trat näher.

»Na, die Spuren, die der Nikolaus im Schnee hinterlassen hat.« Ryan deutete auf die frischen Fußabdrücke, die um die Hausecke verschwanden. »Ich werde ihnen folgen«, verkündete er.

»Im Schlafanzug?« fragte Kirsty entsetzt. Ryan drehte sich um und nahm seine Jacke von der Garderobe. Dann schlüpfte er in Großmutters Stiefel, denn seine eigenen waren ja voll mit guten Sachen.

»Aber warum willst du ihn denn verfolgen?« Kirsty war von der Sache gar nicht angetan.

»Ich will wissen, wo er wohnt und wie er wirklich aussieht«, entgegnete Ryan und stapfte auch schon los. Kirsty wartete im Haus.

Die Spuren waren deutlich zu erkennen. Zu Ryans Überraschung führten sie geradewegs zum Stall. »Na so was! Ob der bei uns im Heu geschlafen hat?« ging es Ryan durch den Kopf. Er öffnete die Stalltür und wurde von dem Malmen der Kühe begrüßt, die gerade ihr Frühstück bekommen hatten. In der hinteren Stallecke fiel plötzlich ein Gegenstand zu Boden. Ryan erschrak und blieb wie angewurzelt stehen. Da hörte er Schritte auf sich zukommen. Sein Herz schlug so wild gegen die Brust, daß er befürchtete, es würde zerspringen. Auf einmal erschien ein Kopf über dem Rücken einer Kuh. Der Nikolaus?

Nein, es war Ryans Vater. Erleichtert atmete Ryan auf.

»Ach, du bist das, Papi«, sagte er und ging auf seinen Vater zu.

»Was dachtest du denn, wer ich sei?« fragte der Vater mit seiner tiefen Stimme.

»Ich dachte, es wär' vielleicht der Nikolaus«, gestand Ryan. »Er hat unsere Stiefel gefüllt, und ich hab' seine Spuren verfolgt. Er muß hier irgendwo im Stall sein.« Ryan sah sich in jedem Winkel um, aber der Nikolaus blieb seinem Blick verborgen.

»Vielleicht möchte er gar nicht von neugierigen Kindern aufgestöbert werden«, sagte der Vater, als Ryan seine Suche aufgab. »Vielleicht möchte er seine guten Taten lieber im Verborgenen tun.«

Ryan ließ sich auf einem Strohballen nieder und stützte sein Kinn in die Hände. »Dann kann ich mich aber gar nicht bei ihm für die schönen Sachen bedanken«, meinte er. Da stellte der Vater die Melkeimer ab und legte Ryan seinen Arm um die Schulter. »Ich weiß aber, bei wem du dich dafür bedanken kannst«, sagte er leise. Ryan sah gespannt zu ihm auf. »Du kannst dich bei Jesus bedanken«, fuhr der Vater fort. »So machen das die Waisenkinder in Rumänien auch, denn sie wissen ja nicht bei jedem Kleidungsstück oder Spielzeug, das aus den Paketen kommt, wer es hineingelegt hat. Aber sie wissen, daß Jesus eure Herzen geöffnet hat, um mit ihnen zu teilen. Und dafür danken sie ihm.«

Da hellte sich Ryans Gesicht auf einmal auf. Er

sprang von den Strohballen hinunter und sagte:
»Das muß ich Kirsty erzählen!« Und im Nu huschte
er zum Haus zurück.

Wie komme ich zum Nikolaus?

Folge mit einem Bleistift den Wegen, und sieh, welcher dich zum Ziel bringt.

7. Dezember

Warum Kirsty nur einen einzigen Weihnachtswunsch hatte

Kirsty erzählte in der Schule die Geschichte vom Nikolaus. Mrs. Sinclair sagte, sie hätte schon einmal irgendwo davon gelesen, aber daß der Nikolaus am 6. Dezember Kindern die Schuhe füllte, so etwas hätte es in Schottland noch nicht gegeben.

»Im Schwarzwald macht er das schon längst«, entgegnete Kirsty daraufhin, »schon als meine Großmutter noch ein junges Mädchen war. Da wird es doch Zeit, daß er auch mal zu uns kommt.« Die Lehrerin konnte ihr nur zustimmen. »Warum ist er dann aber nicht zu mir gekommen?« fragte Fiona halblaut.

»Du hast wahrscheinlich nicht deine Stiefel rausgestellt«, antwortete Ross, der ihr am nächsten saß.

»Nein, das habe ich nicht«, gab Fiona zu.

»Und da hat er nicht gewußt, wo er die Sachen reintun soll«, fuhr Ross fort.

»Nächstes Jahr stelle ich auch meine Stiefel raus. Oder meinst du, daß der Nikolaus heute nacht noch einmal vorbeikommt?« Fiona sah hoffnungsvoll zu Kirsty auf, doch diese schüttelte den Kopf. »Nein, meine Großmutter sagt, daß er nur am 6. Dezember vorbeikommt. Du mußt bis nächstes Jahr warten.« Fiona verzog ihr Gesicht. Wenn sie das nur vorher gewußt hätte! Da sagte Mrs. Sinclair: »Aber es ist gar nicht mehr lange bis Weihnachten. Nur noch –« Sie zählte in Gedanken nach. »Nur noch siebzehn Tage. Habt ihr euch schon überlegt, was für Geschenke ihr euch wünscht und was ihr andern schenken wollt?« Diese Frage brauchte sie den Kindern nicht zweimal zu stellen. Sie redeten sogleich alle durcheinander und überboten einander mit ihren Wünschen.

»Ich möchte ein Pony haben. Das kann bei uns auf der Schafweide stehen, und im Winter hole ich es zu mir ins Zimmer«, erklärte Sophie mit ernster Miene.

»Ich will ein Mountainbike mit zehn Gängen, so eins wie mein Bruder hat«, verkündete Matthew. »Aber mein Vater sagt, dafür bin ich noch nicht groß genug.«

»Und ich wünsche mir einen Baukasten, mit dem man ein echtes Auto bauen kann, das richtig fährt. Dann brauche ich nicht mehr mit dem Bus zur Schule zu kommen«, sagte Ross.

»Ich wünsche mir nur, daß meine Mutter wieder gesund wird.« Kirsty drehte sich um. »Ich wußte gar nicht, daß deine Mutter krank ist«, sagte sie erstaunt.

»Sie ist sogar sehr krank«, entgegnete Maureen, ohne dabei aufzusehen. »Sie muß nächste Woche ins Krankenhaus.« Maureen kämpfte mit den Tränen. Da ermahnte Mrs. Sinclair die Kinder zur Ruhe.

»Schscht! Man kann ja sein eigenes Wort nicht verstehen!« hallte ihre Stimme durch das Klassenzimmer. Die Kinder sahen erschrocken auf. Im Nu waren sie leise, und Mrs. Sinclair konnte sich wieder Gehör verschaffen. »Da wir jetzt sowieso eine Schreibstunde haben, mache ich euch den Vorschlag, daß ihr jeder einen Wunschzettel anfertigt. Matthew?« Der Junge hatte gerade mit seinem Tischnachbarn geflüstert und hob schnell seinen Kopf. »Ja, Mrs. Sinclair?«

»Komm bitte nach vorne, und hole für jedes Kind einen Zettel ab«, beauftragte ihn die Lehrerin. Matthew tat, wie ihm geheißen. »Wer noch nicht schreiben kann, der malt seine Wünsche einfach auf den Zettel«, sagte Mrs. Sinclair zu den jüngeren Kindern in der Klasse. Wenig später beugte sich jeder über sein Blatt Papier und schrieb oder malte seine Weihnachtswünsche darauf. Bis auf das Kritzeln der Bleistifte war es still in der Klasse. Auch Kirsty begann zu schreiben. »Ein Fahrrad, einen Rucksack, einen eigenen Schlitten . . .« An Wünschen fehlte es ihr nicht. Bei manchen Worten war sie sich nicht ganz sicher, wie sie geschrieben wurden, aber Mrs. Sinclair würde es nachher schon verbessern. ». . . eine Katze, ein neues Haarband, Süßigkeiten –« Plötzlich hielt sie inne und wandte langsam ihren Kopf. Ja, sie hatte sich nicht verhört. Maureen weinte; nur ganz leise, weil es niemand mitbekommen sollte. Kirsty beugte sich wieder über ihren Wunschzettel, doch ihre Gedanken waren nicht mehr bei der Sache. Sie erinnerte sich an das, was Maureen vorhin gesagt hatte. »Ich wünsche mir nur, daß meine Mutter wieder gesund wird . . .« Kirsty dachte an ihre eigene Mutter. Sie war gesund und kräftig, sonst könnte sie nicht die Arbeit im Stall verrichten und mit dem Fahrrad nach Braemar zum Einkaufen fahren. Manchmal sah Kirsty sie sogar Holz spalten und Schnee schippen, und im Sommer fuhr sie mit dem Traktor das Heu ein. Sie lachte und scherzte mit ihnen und kochte ab und zu ganz ausgefallene Sachen, die die Großmutter nicht anrühren würde. Ja, und dann sang sie in der Kirche aus vollem Halse und zu Hause manchmal auch. Kirsty schmunzelte. Ihre Mutter war gesund und kräftig. »Aber Maureens Mutter ist krank, sehr krank sogar.« Plötzlich zog sie ihre Stirn in Falten. Sie las noch einmal die Wünsche, die sie eben aufgeschrieben hatte, und verglich sie mit dem Wunsch – dem einzigen Wunsch –, der Maureen auf dem Herzen lag. »Ich könnte auf das Fahrrad verzichten und auch auf den Rucksack und auf einen eigenen Schlitten«, dachte sie. »Ich muß auch nicht unbedingt eine Katze haben, und das alte Haarband ist auch noch schön. Und Süßigkeiten – die machen bloß die Zähne kaputt.« Sie seufzte. »Aber auf eine gesunde Mutter könnte ich nicht verzichten.« An dieser Stelle konnte sie es nicht lassen, sich noch einmal zu Maureen umzudrehen. Auf ihrem Wunschzettel prangte ein einziger Satz, und dieser war mit Tränen benetzt. Kirsty sah wieder auf ihr eigenes Blatt Papier. »Vielleicht sollte ich alle meine Wünsche durchstreichen und statt dessen schreiben: ›Ich wünsche mir nur, daß Maureens Mutter wieder gesund wird.‹ Vielleicht hilft es ja, wenn wir beide den Wunsch aufschreiben. Vielleicht geht er dann eher in Erfüllung.« Sie machte sich bereits daran, ihre Wünsche auszuradieren, als ihr plötzlich die Frage in den Sinn kam: »Wer erfüllt eigentlich die Wünsche auf dem Zettel?« Ihre Eltern hatten ihr nie das Märchen vom Weihnachtsmann aufgebunden. Weihnachten war das Fest von Jesu Geburt. Im Grunde mußte er die Geschenke bekommen, aber die ganze Welt gehörte ja schon ihm. Vielleicht war es auch so wie bei dem Nikolaus. Über die Geschenke, die er den armen Kindern gegeben hatte, freute sich Jesus selbst. Kirsty radierte weiter. Dabei fragte sie sich noch einmal, wer den Wunschzettel lesen sollte. »Mami und Papi und die Großmutter? Die wissen sicher schon, was sie uns zu Weihnachten schenken wollen. Oder vielleicht doch nicht?« Inzwischen hatte Kirsty das letzte Wort auf ihrem Zettel ausradiert. Das Blatt war wieder leer. Nun konnte sie den neuen Satz darauf schreiben, Maureens einzigen Wunsch. »Aber wenn der Zettel für meine Eltern ist, die können Maureens Mutter doch gar nicht helfen!« kam es ihr plötzlich in den Sinn. »Der einzige, der Maureens Mutter wieder gesund machen kann, ist Jesus selbst.« Für eine ganze Weile saß sie still vor ihrem Blatt und starrte in die Luft. Schließlich weckte Mrs. Sinclair sie aus ihren Gedanken. »Hast du denn gar keinen Wunsch?« fragte sie leise, während sie sich über Kirstys Schulter beugte. »Aber du hattest ja schon etwas geschrieben! Warum hast du das denn wieder ausradiert?« Kirsty drehte sich zu ihr um. »Das war nicht das Richtige«, flüsterte sie.

»Und warum schreibst du dann nicht das Richtige auf?« wollte die Lehrerin wissen.

»Weil nur Jesus den Wunsch erfüllen kann«, gab Kirsty zurück. »Und dem kann ich es auch so sagen.«

Mrs. Sinclair wußte darauf nichts zu entgegnen. Sie sah ein wenig verwirrt drein. Dann meinte sie: »Ich möchte aber, daß du jetzt etwas aufschreibst. Du kannst ja oben auf den Zettel ›An Jesus‹ schreiben.« Damit drehte sie sich um und ging weiter durch die Reihen.

Kirsty tat ihr den Gefallen und schrieb: »An Jesus« auf ihren Zettel. Dann zögerte sie noch einmal. Sie erinnerte sich auf einmal an Gordons Großvater, der schon seit einer ganzen Weile im Krankenhaus lag. Einmal hatte sie Paula und Mairi begleitet, um ihn zu besuchen. Dabei hatte sie sich erschrocken, als sie sah, wie viele kranke Menschen dort in den weißen Betten lagen. Nein, es war nicht genug, nur für Maureens Mutter um Gesundheit zu bitten. Sie wünschte sich, daß alle Menschen wieder gesund wurden und daß niemand mehr unglücklich sein mußte. So schrieb sie schließlich auf ihren Wunschzettel: »Ich möchte, daß alle Menschen glücklich werden.« Für mehr Worte hatte sie auch gar keine Zeit, denn Mrs. Sinclair sammelte bereits die Zettel ein.

»Nach der Pause werden wir uns einige davon anhören«, versprach sie. »Mal sehen, was euch so auf dem Herzen liegt.«

Die Kinder kringelten sich vor Lachen, als Mrs. Sinclair ein paar besonders außergewöhnliche Wünsche vorlas. Es folgten die gewöhnlicheren, und dann wurde es auf einmal still. »Laßt mich zum Schluß noch diesen Wunschzettel vorlesen«, sagte Mrs. Sinclair, wobei in ihrer Stimme etwas Geheimnisvolles lag. »Da wünscht sich jemand unter uns, daß alle Menschen glücklich werden.« Die Kinder waren immer noch mucksmäuschenstill. »Und wißt ihr was?« fuhr Mrs. Sinclair fort. »Genau das ist der Grund, warum Jesus zu Weihnachten auf die Erde kam. Er wollte alle Menschen glücklich machen.«

Kirsty blieb für den Rest des Tages sehr nachdenklich. Als sie der Großmutter zu Hause von ihrem Wunschzettel erzählte, meinte diese: »Ich freue mich, daß dir andere Menschen so am Herzen liegen. Und du kannst dir sicher sein, daß auch von deinen ausradierten Wünschen einige in Erfüllung gehen.« Sie schloß die Ofenklappe und legte die Kohlenzange beiseite. Dann fügte sie leise hinzu: »Das beste Weihnachtsgeschenk ist aber Jesus selbst. Wenn wir ihn annehmen, dann werden wir glücklich.« Damit drehte sie sich um und bereitete das Abendessen vor.

Schreibe oder male einen Wunschzettel

Dann setze unten die Worte ein, und lies die Anfangsbuchstaben von oben nach unten. So bekommst du heraus, was (oder wer) das beste Weihnachtsgeschenk ist.

Gegenteil von Mädchen: _ _ _ _ _
Gefrorenes Wasser: _ _ _
Er glitzert am Nachthimmel: _ _ _ _ _
Rand eines Flusses: _ _ _ _
Kommt in jedes Essen: _ _ _ _

(Auflösung: Junge, Eis, Stern, Ufer, Salz = JESUS)

8. Dezember

Warum Ryan versuchte, einen Schatz zu bergen

Ryan zog seine Schulkleidung aus und schlüpfte statt dessen in die abgetragenen Anziehsachen. »Wie dumm, daß es schon so früh dunkel wird«, seufzte er. »Da kommt man gerade aus der Schule, und schon ist der Tag wieder herum.« Er bohrte gedankenverloren mit dem Finger in dem Loch seines Pullovers. Die Großmutter hatte es wohl bei der Wäsche übersehen, sonst wäre der Pullover in der Stopfkiste gelandet. »Ich war heute noch gar nicht richtig draußen«, überlegte Ryan laut. »Aber was soll man da auch im Dunkeln machen!«

»Es ist ja gar nicht ganz dunkel«, meldete sich auf einmal eine Stimme von der Treppe. Es war Kirsty, die gerade aus ihrem Zimmer getreten war und die Worte ihres Bruders aufgeschnappt hatte. Ryan sah auf. »Natürlich ist es dunkel! Die Sonne ist doch schon untergegangen«, entgegnete er mürrisch. »Aber der Mond scheint, und der Schnee leuchtet hell«, gab Kirsty zurück. »Ich gehe jedenfalls nach draußen.« Und damit stapfte sie entschlossen die Treppe hinunter.

Ryan schmollte noch eine Weile vor sich hin. Dann ging er ans Fenster und preßte sein Gesicht gegen die Scheibe, um hinauszusehen. Kirsty war im Garten damit beschäftigt, Schnee zusammenzutragen. »Wahrscheinlich will sie einen Schneemann bauen«, ging es Ryan durch den Kopf. »Aber das geht doch ganz anders . . .« Im Nu drehte er sich um und sauste aus dem Zimmer.

An der Haustür begegnete er seinem Vater, der gerade von der Arbeit heimkam. »Na, du willst wohl Kirsty helfen«, sagte er, während er sich den Schnee von der Jacke klopfte.

»Die macht das ja ganz falsch«, gab Ryan zurück und schlüpfte in seine Stiefel.

»Nun, sie hat aber schon einen ganzen Haufen Schnee zusammengetragen«, meinte der Vater.

»Den muß man aber nicht tragen, sondern rollen!« Ryan drängte sich an ihm vorbei zur Tür hinaus. Kirsty hatte recht. Obwohl die Sonne schon lange untergegangen war, gingen von dem Mond und vom Schnee noch genug Licht aus, um die einzelnen Konturen im Garten zu erkennen.

»Ich zeige dir, wie man einen Schneemann baut«, verkündete Ryan und bückte sich, um einen Schneeball zu formen. – »Woher weißt du denn, daß ich einen Schneemann bauen will?« fragte Kirsty herausfordernd. »Vielleicht sollte es ja auch ein Iglu werden oder einfach nur ein Schneesitz.« Ryan sah für einen Augenblick verwirrt zu ihr auf. »Ein Iglu? Das dauert doch viel zu lange. Und ein Schneesitz – was willst du denn damit?«

Kirsty überlegte nicht lange. »Was willst du denn mit einem Schneemann?« fragte sie zurück. Darauf wußte Ryan nichts zu antworten. Er hatte nie darüber nachgedacht, warum man Schneemänner baut. Vielleicht, weil sie schön aussahen. Er zuckte mit den Schultern und meinte: »Du kannst ja deinen

Schneesitz bauen. Ich mache jedenfalls einen Schneemann.« Damit rollte er die Kugel, die er eben geformt hatte, durch den Schnee. Kirsty sah auf den Haufen, den sie mühsam zusammengetragen hatte. In Wirklichkeit wollte sie schon einen Schneemann bauen. Sie konnte es nur nicht leiden, wenn Ryan so besserwisserisch daherkam. So beobachtete sie ihn für eine Weile und sah, daß sein Schneeball immer größer wurde. Verglichen mit ihrem Haufen war er wohlgeformt und kam dem Bauch eines Schneemannes schon sehr nahe. Da nahm Kirsty einen Armvoll Schnee von ihrem Haufen und formte daraus ebenfalls einen Ball. Wie Ryan rollte sie ihn durch den Garten, wobei immer mehr Schnee daran haften blieb.

»Machst du jetzt einen runden Sitz, oder wird das die Lehne?« wollte Ryan wissen, als sie an ihm vorbeikam. Kirsty wußte sofort, daß er sie damit aufziehen wollte. »Ich hab's mir anders überlegt«, entgegnete sie. »Ich baue auch einen Schneemann – nein, eine Schneefrau.« Ryan kicherte. »Eine Schneefrau! Wie die wohl aussieht?«

»Was gibt es da zu lachen!« brauste Kirsty auf einmal auf. »Die sieht auch nicht anders aus als dein Schneemann, nur . . . nur schöner!« Daraufhin rollten sie wieder jeder still ihre Kugel aus.

Nach einer Weile war in dem Vorgarten kaum noch Schnee übrig. Die beiden Kugeln hatten auch eine beachtliche Größe erreicht, und Ryan und Kirsty hatten kaum noch die Kraft, sie vor sich herzuschieben. So hielten sie inne, um zu verschnaufen.

»Weißt du was?« brach Ryan das Schweigen. »Für einen Schneemann oder eine Schneefrau braucht man eigentlich zwei Kugeln: eine als Kopf und eine als Bauch.« Er zögerte einen Augenblick. Dann fragte er vorsichtig: »Was hältst du davon, wenn wir nur einen bauen? Da ist nämlich nicht mehr genug Schnee für noch zwei Kugeln.«

Kirsty war froh über seinen Vorschlag, denn ihre Arme waren müde vom Schneerollen. Doch sie fühlte sich immer noch ein wenig gekränkt, weil Ryan sie ausgelacht hatte. Deshalb sagte sie nachdenklich: »Also gut, aber nur, wenn es eine Schneefrau wird.« Damit war Ryan nun doch nicht ohne weiteres einverstanden. »Wenn sie genauso aussieht wie ein Schneemann, dann ist es doch egal, wie wir ihn nennen«, gab er zurück.

»Mir ist es aber nicht egal«, beharrte Kirsty. Ryan wußte genau, warum sie das sagte. Sie wollte ihren Willen durchsetzen, und er mochte nicht nachgeben. Da kam ihm plötzlich eine Idee. »Warum bauen wir nicht einfach ein Schneekind? Die Kugeln sind ja auch nicht so groß . . .«

Kirsty gab sich einverstanden. Sie hatten beide nicht verloren.

Da Ryans Kugel etwas größer war, beschlossen sie, diese als Bauch zu nehmen. Ryan rollte sie in die Mitte des Vorgartens. Das war ein schöner Platz für das Schneekind. Kirsty rollte ihre Kugel hinterher. Dann hoben sie sie gemeinsam auf den Bauch. Dabei wäre die Kugel beinahe auseinandergebrochen. Kirsty strich schnell mit der Hand über den Riß.

»Wir brauchen noch mehr Schnee, um die beiden Kugeln besser miteinander zu verbinden«, sagte Ryan. Kirsty lief zu ihrem Haufen und trug einen Armvoll davon herbei. Sie strichen den Schnee zwischen Bauch und Kopf, so daß es aussah, als ob das Schneekind einen Schal um den Hals trug. Kirsty lachte. »Jetzt braucht es noch ein Gesicht«, meinte sie. Ryan sah sich um. »Am besten nehmen wir Steine für die Augen und einen Stock als Mund.«

»Ja, und ein Stück Rübe als Nase«, fügte Kirsty hinzu und eilte auch schon in den Stall, wo ein Haufen Rübenschnitzel für die Kühe lagerte.

Das Schneekind sah richtig fröhlich aus. Ryan hatte mehrere Steine in den Bauch gedrückt, die wie Knöpfe aussahen. »Jetzt braucht es aber noch einen Hut«, verkündete er. Die Kinder sahen sich um, aber sie konnten nichts Passendes entdecken. »Ich kann ja Mami fragen, ob wir einen Eimer aus dem Stall nehmen dürfen«, schlug Kirsty vor.

»Ja, ein Eimer oder ein Topf, das wäre genau das Richtige«, bestätigte Ryan. Er begleitete Kirsty zum Stall, wo die Mutter gerade mit dem Melken begann. »Es tut mir leid, aber ich kann euch keinen Eimer geben«, sagte sie, als Kirsty ihre Bitte vorgebracht hatte. »Ich brauche sie alle selber. Aber vielleicht hat die Großmutter ja einen alten Topf für euch.«

Wenig später standen die Kinder auch schon in der Küche. »Einen Topf? Für das Schneekind?« Die Großmutter sah sie mit großen Augen an. »Nein, es tut mir leid, aber die Töpfe hier sind alle zum Kochen da und nicht zum Spielen.« Sie überlegte einen Augenblick. Dann meinte sie: »Hab' ich euch nicht neulich erst einen alten Topf gegeben? Den, wo der Haferbrei unten angebrannt war und den wir nicht mehr saubergekriegt haben?«

Kirsty erinnerte sich daran. »Ja, damit haben wir draußen gespielt.«

»Und wo ist er jetzt?« wollte die Großmutter wissen. Ryan und Kirsty dachten angestrengt nach, aber es wollte ihnen nicht einfallen. Enttäuscht stapften sie in den Garten zurück.

»Wir können ihm ja eine Mütze aus Schnee machen«, schlug Kirsty nach einer Weile vor.

»Dann müssen wir noch eine Kugel ausrollen«, entgegnete Ryan wenig begeistert.

»Ich mache das schon«, bot sich Kirsty an und ging diesmal in den Hintergarten, wo noch eine Menge Schnee lag. Ryan folgte ihr, doch er scharrte nur gelangweilt mit dem Fuß in der weißen Masse herum. Plötzlich stieß er gegen etwas Hartes. »Nanu? Was ist denn das?« fragte er und ging in die Hocke, um den Gegenstand mit den Händen auszugraben. Doch er war am Boden festgefroren, und Ryan bekam ihn nicht los.

»Was hast du denn gefunden?« wollte Kirsty wissen und trat neugierig näher.

»Einen Schatz«, entgegnete Ryan. »Das fühlt sich an wie eine Schatzkiste.«

Kirsty ließ die Schneekugel liegen und beugte sich über die Stelle, wo Ryan gegraben hatte. Ihre Hände fuhren über etwas Hartes, Glattes.

»Ich hole einen Spaten«, sagte Ryan und sprang

auf. »Ein Schatz! Ein Schatz!« pochte es in seinem Kopf, während er über den Hof stürmte. Kurz darauf kehrte er mit dem Werkzeug zurück.

»Was wohl in der Kiste drin ist?« fragte Kirsty aufgeregt. »Vielleicht Gold oder Schmuck . . .«

Ryan stieß den Spaten in den gefrorenen Boden. Mehrmals traf er auch den harten, glatten Gegenstand, und jedesmal machte es »Plong!«.

»Warum wir den nicht schon früher entdeckt haben?« wunderte er sich halblaut.

»Jetzt werden wir vielleicht reich«, meinte Kirsty versonnen. Da begann der Gegenstand endlich, sich zu bewegen. Ryan hieb noch ein paarmal auf den Boden ein. Dann bekam er den Schatz zu fassen. Aber was war das? Es handelte sich nicht um eine Kiste. Es war – »Der alte Haferbreitopf!« rief Kirsty entsetzt aus. Ryan starrte enttäuscht auf den Schatz in seiner Hand. Nein, es war kein Schatz; es war nur ein alter Topf. Aber hatten sie nicht gerade danach gesucht? »Jetzt kriegt das Schneekind doch noch einen richtigen Hut«, sagte er und kratzte Schnee und Erde vom Topf.

Nach dem Abendessen kamen die Eltern und die Großmutter heraus, um sich das Schneekind anzusehen. Im Mondschein sah es geradezu lebendig aus.

»Ein langes Leben wirst du aber nicht haben«, sagte der Vater zu dem Schneekind. »Am Wochenende soll es wieder Tauwetter geben.«

»Schade«, meinte Ryan. »Ich mag den Schnee.« Dann gingen sie alle wieder ins Haus, um sich am Kamin aufzuwärmen.

Bastelarbeit: Schneefamilie

Nein, hierfür brauchst du keinen Schnee, sondern weiße Pappe oder festes Papier. Darauf malst du mit einem Bleistift einen Schneemann, eine Schneefrau und mehrere Schneekinder (vielleicht auch noch eine Schneegroßmutter und einen Schneegroßvater), etwa so:

Löcher

Vergiß den Hut nicht. Den malst du aber am besten mit schwarzer Wachskreide an (den Körper natürlich nicht). Schneide deine Figuren aus, und male ihnen Gesichter und Knöpfe. Wenn du willst, kannst du diese auch aus Filz aufkleben.

Nun schneide zwei Löcher in den Bauch, durch die du deinen Daumen und Zeigefinger stecken kannst. Jetzt kannst du mit deiner Schneefamilie spielen.

Viel Spaß dabei!

Warum Ryan und Kirsty in eine Schneewehe fielen

Obwohl es Samstag war und sie nicht zur Schule gehen mußten, waren Ryan und Kirsty schon früh auf den Beinen. Mr. MacPhearson, der Förster, hatte nämlich versprochen, sie mit in den Wald zu nehmen, um die Rehe zu füttern. Gordon war natürlich auch mit dabei. Von seinen kleinen Schwestern durfte nur Paula mitkommen. Mairi protestierte zwar dagegen, aber ihr Vater vertröstete sie auf ein anderes Mal.

Die Kinder kletterten in den Jeep, und Mr. MacPhearson ließ den Motor an. Dann ging es auf der holprigen Fahrspur das Tal hinauf. In dem Anhänger, den der Jeep hinter sich herzog, waren die Heuballen verstaut. Kirsty und Paula hielten sich an der Lehne fest, um nicht von der Bank zu fallen. Die Jungen hingegen versuchten, auch so ihr Gleichgewicht zu halten, indem sie sich dem Ruckeln des Wagens anpaßten. Gordon gelang das sehr gut, denn er war schon oft mit seinem Vater unterwegs gewesen. Ryan dagegen wurde kräftig hin und her geschleudert. In einer Kurve stieß er plötzlich mit dem Kopf gegen die Fensterscheibe und stieß ein lautes »Autsch!« aus. Sein Schrei wurde aber von dem Lärm des Fahrzeugs verschluckt. Nur Kirsty sah ihn erschrocken an und fragte: »Blutet es?« Ryan rieb sich die schmerzende Stelle. Es blutete nicht, aber er würde sicher eine Beule bekommen. Für den Rest des Weges hielt er sich wie Kirsty und Paula an der Banklehne fest.

Der Jeep durchquerte einen Bach, von dem das Wasser aufspritzte. Dann kämpfte er sich weiter durch den Schnee bergan, bis er vor einem Gehölz anhielt. Mr. MacPhearson öffnete die Tür, und die Kinder kletterten eins nach dem anderen heraus.

»Oh, das ist aber kalt hier!« stelle Paula fest. Sie knöpfte ihre Jacke bis obenhin zu und zog sich die Mütze tiefer über die Ohren.

»Ja, hier draußen weht immer ein kalter Wind«, entgegnete ihr Vater. Ryan ließ seinen Blick über die Berge schweifen, die sie von allen Seiten umgaben. Wie still es war! Außer dem Wind, der durch die Felsnischen pfiff und an den Zweigen der Bäume rüttelte, gab es keine Geräusche. Mr. MacPhearson nahm seinen Feldstecher zur Hand und stapfte ein paar Schritte den Hügel hinauf. Dann hielt er sich das Glas an die Augen und suchte damit den Hang ab.

»Siehst du Rehe, Papa?« fragte Paula aufgeregt.

»Hscht!« machte Ryan. »Sonst vertreibst du sie noch.« Doch Paula nahm keine Notiz von ihm. Sie lief ihrem Vater nach und fragte noch einmal: »Siehst du sie?« Der Vater nahm das Glas von den Augen und reichte es ihr. »Dort oben sind mehrere Hirsche«, sagte er leise und half ihr, den Feldstecher auf die richtige Stelle zu richten.

»O ja, ich sehe sie!« flüsterte Paula begeistert. »Sie haben riesige Hörner.«

»Geweihe«, verbesserte Ryan sie. Er trat ebenfalls an den Förster heran, aber zunächst durfte Kirsty einen Blick durch das Fernglas werfen. »Da sind eins, zwei, drei, vier . . .« begann sie, die Hirsche zu zählen. Als Ryan hindurchsah, hob eines der Tiere geradewegs seinen Kopf. Es sah geradewegs auf Ryan hinab und streckte dabei witternd seine Nase in den Wind.

»Ich glaube, der eine hat uns entdeckt«, meinte Ryan und reichte das Fernglas an Gordon weiter.

»Es kann auch sein, daß sie das Heu riechen«, entgegnete Mr. MacPhearson. »Die Burschen haben einen feinen Geruchssinn, und der Wind steht günstig für sie.« Ryan wußte nicht, was der Förster mit seiner letzten Bemerkung meinte, doch Gordon erklärte es ihm in der Zeichensprache.

»Ach so, der Wind bläst aus unserer Richtung und nimmt dabei den Geruch von uns und von dem Heu mit.« Ryan war beeindruckt, daß der Wind so etwas tun konnte. »Aber warum nicht?« dachte er. »Der Wind kann ja auch Blütenstaub und Blätter mit sich forttragen und manchmal sogar ganze Äste.«

Mr. MacPhearson ging zum Jeep zurück. Er legte das Fernglas auf den Fahrersitz und zog seine Lederhandschuhe an. Dann machte er sich am Anhänger zu schaffen.

»Wo wollen wir das Heu denn hintun?« fragte Paula.

»Das wirst du gleich sehen«, entgegnete ihr

Vater, während er die Riemen löste, mit denen die Heuballen festgebunden waren. Gordon trat hinzu, um mit anzupacken. Gemeinsam hoben sie den ersten Ballen vom Anhänger herunter und trugen ihn ein Stück den Hügel hinauf. Ryan und die Mädchen folgten ihnen. Hinter einem Felsbrocken kamen sie auf einmal zu einer breiten Mulde. Jemand hatte dort aus einem alten Faß eine Art Futterkrippe errichtet. Natürlich war das der Förster gewesen. Zusammen mit Gordon legte er den Heuballen dort hinein. Dann schnitt er mit seinem Taschenmesser die Schnüre durch, die das Heu zusammenhielten, und lockerte es ein wenig auf. »So können es die Tiere besser essen«, erklärte er den Kindern.

»Ich weiß«, entgegnete Kirsty. »Meine Mutter macht es für die Kühe und Schafe genauso.« Sie gingen zum Anhänger zurück, um einen weiteren Ballen Heu zu holen. Damit war die Futterkrippe gefüllt.

»Und was machen wir mit dem Rest?« fragte Paula, die wie immer genau Bescheid wissen wollte.

»Das bringen wir zu dem anderen Futterplatz.« Mr. MacPhearson öffnete die Wagentür, und sie stiegen alle wieder ein.

Noch einmal kämpfte sich der Jeep durch den Schnee. Er machte dabei einen gehörigen Lärm, denn der Motor benötigte all seine Kraft, um das Gefährt voranzubringen. Schließlich kamen sie zu einer Brücke, unter der das klare Wasser des Flusses Ey hindurchschoß. Mr. MacPhearson hielt an.

Wieder kletterten sie alle hinaus. Da packte Gordon seinen Vater plötzlich am Arm und deutete auf einen der Hänge. Ryan sah ebenfalls in die Richtung. Sein Herz schlug vor Aufregung schneller. Selbst ohne Fernglas konnte er im Schnee die dunklen Körper erkennen. Es waren so viele, daß er gar nicht erst zu zählen begann. »Die sind aber nahe«, flüsterte er. »Ob sie uns schon entdeckt haben?«

»Bestimmt«, sagte Mr. MacPhearson und wandte sich zu ihm um. »Aber sie wissen, daß wir nicht auf der Jagd sind, sondern daß wir ihnen Futter bringen.«

»Woher wissen sie denn das?« fragte Kirsty, die die Rehe inzwischen auch entdeckt hatte.

»Sie scheinen es zu spüren«, meinte der Förster. »Vielleicht sind sie auch einfach nur hungrig, weil sie unter dem Schnee nicht genug Futter finden, und sie riechen das Heu, das wir mitgebracht haben.« Mit Gordons Hilfe lud er auch die anderen beiden Ballen ab und trug sie zu einer ähnlichen Futterkrippe, nicht weit von der Brücke entfernt.

Der Wind wurde stärker und trieb den Kindern Schnee ins Gesicht. Kirsty kniff ihre Augen zusammen. Sie war froh, als Gordon und sein Vater zurückkamen und sie wieder in den Jeep klettern konnten. Dort waren sie vor dem eisigen Wind geschützt. Mr. MacPhearson kuppelte den Anhänger los und fuhr über die Brücke, um auf der anderen Seite zu wenden. Das war auf der schmalen Fahrspur gar nicht so einfach. Er mußte mehrmals vor- und zurückfahren. Auf dem Hang konnten sie immer noch die Rehe erkennen. Sicher warteten sie, bis der Jeep verschwunden war, und kamen dann herunter, um sich über das Heu herzumachen.

Plötzlich gab es einen Ruck, der Kirsty und Paula beinahe von der Bank geschleudert hätte. Das eine Hinterrad war in einem Loch versunken. Mr. MacPhearson schaltete wieder den Vorwärtsgang ein, doch der Wagen wollte sich nicht von der Stelle rühren. Beide Hinterräder drehten sich im Schnee, ohne sich davon abzustoßen.

»So was aber auch«, murmelte der Förster ärgerlich.

»Sollen wir aussteigen und schieben?« bot sich Ryan an. Mr. MacPhearson antwortete nicht sogleich. Statt dessen gab er noch einmal Vollgas, aber es half nichts. So zog er die Handbremse an und stieg aus, um sich die Lage der Räder zu besehen. Die Kinder warteten still. Endlich kam Mr. MacPhearson zurück. »Wir stecken in einem Graben fest«, sagte er. »Unter dem Schnee habe ich ihn nicht gesehen.«

»Sollen wir schieben?« fragte Ryan noch einmal und erhob sich bereits von seinem Sitz. Der Förster überlegte einen Augenblick. Dann nickte er ohne Überzeugung mit dem Kopf. »Eigentlich sollte der Motor stark genug sein«, murmelte er dabei.

Die Kinder stiegen also wieder aus und nahmen ihre Plätze am hinteren Wagenteil ein. Gordon und Paula machten sich an der einen Seite bereit und Ryan und Kirsty an der anderen. Wieder ließ Mr. MacPhearson den Motor aufheulen. Die Kinder stemmten sich mit aller Kraft gegen den Wagen. Von den Rädern spritzte der Schnee auf. Paula wischte sich mit dem Ärmel über das Gesicht. Doch der Jeep wollte sich keinen Zentimeter vorwärtsbewegen. Schließlich stieg Mr. MacPhearson aus und legte ein paar Lumpen unter die Vorderräder. Dann machten sie sich alle noch einmal bereit. Der Motor heulte auf, und der Schnee wirbelte durch die Luft, und plötzlich gab es einen Ruck, mit dem sich der Wagen aus dem Graben hob. Es war auf einmal so schnell gegangen, daß Ryan und Kirsty sich nicht halten konnten. So purzelten sie rücklings in eine Schneewehe.

Kirsty rappelte sich als erste wieder auf. Sie klopfte sich den Schnee von der Kleidung und schüttelte ihn aus den Haaren. Gordon reichte ihr die Hand und half ihr auf den Weg zurück.

Ryan war tiefer gefallen. Er hatte Mühe, sich aus dem Schnee auszugraben. Als sein Kopf mit der weißen Krone auftauchte, mußte Paula lachen. Ryan spuckte wütend den Schnee aus, den er zwischen den Zähnen spürte, und kroch auf allen Vieren aus der Schneewehe heraus. Gordon reichte auch ihm die Hand, aber Ryan war zu stolz, um sie zu ergreifen. Inzwischen stand der Jeep wieder auf der Brücke. Mr. MacPhearson stieg aus und kam den Kindern entgegen. »Ist alles in Ordnung?« fragte er mit einem besorgten Blick auf Ryan und Kirsty.

»Ja, ich hab' nur überall Schnee reinbekommen«, entgegnete Kirsty, wobei sie versuchte, den kalten Klumpen aus ihrem Kragen zu fischen. Ryan spuckte noch einmal aus und klopfte sich den Schnee von der Hose.

»Laßt uns machen, daß wir heimkommen, damit ihr euch umziehen und aufwärmen könnt«, sagte der Förster. Auf der anderen Seite der Brücke kuppelte er den Anhänger wieder fest. Kirsty spürte, wie der Schnee in ihrer Kleidung taute, während sie in holpriger Fahrt zum Dorf zurückkehrten. »Wißt ihr, was ich mache, wenn wir nach Hause kommen?« rief sie nach einer Weile aus. Paula sah sie gespannt an. »Ich backe Lebkuchenherzen. Morgen ist doch der zweite Advent.«

»Okay, ich helfe dir dabei«, meinte Ryan, der vom Schnee erst einmal genug hatte.

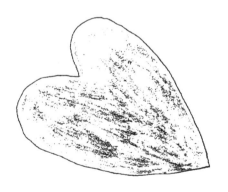

Backen von Lebkuchenherzen

Zutaten: 375 g Mehl, 1 Tütchen Backpulver, 2 Teelöffel Lebkuchengewürze, eine Prise Salz, 90 g Honig, 185 g braunen Zucker, 45 g Butter, ein Ei, einen Eßlöffel Zitronensaft; und für den Guß: 250 g Backschokolade

Backanweisung:
Heize den Ofen auf 180° C vor, und bestreiche ein großes Backblech mit Butter. Dann siebe das Mehl, Backpulver, Gewürze und Salz in eine Schüssel und vermische es. Forme in der Mitte eine Kuhle. Honig, Zucker und Butter kommen in einen Topf, um bei schwacher Hitze zu schmelzen. Dann gieße es in die Kuhle. Gib das Ei und den Zitronensaft dazu, und verrühre alles zu einem Teig. Knete ihn gut durch, und rolle ihn dann auf einer mit Mehl bestreuten Unterlage aus. Steche oder schneide Herzen aus, und lege sie auf das Backblech. Dann backe sie im Ofen für 20 bis 25 Minuten. Hinterher laß sie auf einem Gitterrost abkühlen, während du die Schokolade in einem Topf zum Schmelzen bringst. Damit bestreichst du nun die Herzen und läßt die Schokolade fest werden. Viel Spaß dabei (und nasch nicht zuviel Teig)!

10. Dezember

Warum Ryan von einem schlechten Gewissen geplagt wurde

In der Nacht hatte Kirsty einen wunderschönen Traum. Sie träumte, daß sie durch einen Garten lief, dessen Boden mit weißem – ja, du hast dich nicht verlesen –, mit weißem Gras bewachsen war. Doch obwohl es wie Schnee aussah, fühlte es sich unter ihren nackten Füßen gar nicht kalt an. Es kitzelte eher ein bißchen, so wie Wollsocken. In dem Garten gab es viele Tannen und Fichten und andere Nadelbäume. Sie waren nicht hoch, nur ein bißchen größer als Kirsty selbst. Das Schönste aber war, daß an ihren Zweigen anstelle von Zapfen Schokoladenlebkuchenherzen wuchsen. Während Kirsty durch den Garten lief, pflückte sie sich hier und da eins ab und ließ es auf ihrer Zunge zergehen. Mm, war das lecker! Natürlich schien auch die Sonne im Garten, aber sie vermochte es nicht, die Schokolade auf den Lebkuchenherzen zu schmelzen. Sie legte sich nur warm auf Kirstys Gesicht, als wollte sie sie mit ihren Strahlen streicheln.

Kirsty mochte gar nicht aus ihrem Traum erwachen. Doch die Stimmen, die sie in der Ferne gehört hatte, kamen immer näher. Jetzt konnte sie sie ganz deutlich hören. »Ich will aber nicht länger warten! Ich wecke die alte Schlafmütze jetzt auf«, drangen Ryans heftige Worte an ihr Ohr. Da schlug Kirsty doch lieber ihre Augen auf. Wer weiß, auf welche Art und Weise er sie sonst wecken würde!

»Ich habe schon längst gefrühstückt, und wenn du nicht bald runterkommst, dann haben wir keine Zeit mehr, Advent zu feiern«, begrüßte Ryan seine Schwester. Kirsty gähnte herzhaft. Ihr Gesicht glänzte noch von den Sonnenstrahlen, die sie im Traum damit eingefangen hatte. Ryan sah sie verwirrt an. »Was grinst du denn so dämlich?« fragte er scharf.

»Ach, die Lebkuchen waren so lecker. Ich spüre sie noch auf der Zunge«, gab Kirsty zurück.

»Was? Du hast heimlich von den Lebkuchen genascht? Das erzähle ich der Großmutter!« Ryan drehte sich um und stapfte wütend aus dem Zimmer.

»Das war doch nur im Traum!« rief Kirsty ihm nach, doch Ryan polterte bereits die Treppe hinunter. Da sprang Kirsty schnell aus dem Bett. Sie schlüpfte in ihre Hausschuhe und eilte hinter ihm her.

»Kirsty hat in der Nacht von den Lebkuchen genascht«, platzte Ryan heraus, nachdem er die Küchentür aufgerissen hatte.

»Hab' ich gar nicht!« hallte Kirstys Stimme durchs Treppenhaus. »Ich hab' doch nur davon geträumt!«

Ryan drehte sich zu ihr um. »Versuch bloß nicht, dich herauszureden, von wegen schlafwandeln und so!«

Kirsty war den Tränen nahe. Hätte sie doch bloß

nichts von dem Traum erzählt! Jetzt mischte sich die Großmutter ein. »Müßt ihr denn schon wieder streiten?« fuhr sie die Kinder an.

»Wenn Kirsty mir einfach die Lebkuchen wegißt!« entgegnete Ryan gekränkt.

»Hab' ich ja gar nicht!« protestierte Kirsty sogleich.

»Wann soll sie das denn gemacht haben? Sie ist doch gerade erst aufgewacht«, meinte die Großmutter.

»In der Nacht«, beharrte Ryan. »Sie hat es sogar zugegeben.«

»Das war doch nur im Traum!« Kirsty konnte ihre Tränen nicht mehr bremsen. Die Freude ihres schönen Traumes war nun ganz und gar von ihr gewichen.

»Wir können ja nachsehen, ob die Dose noch voll ist«, schlug die Großmutter vor und ging den Kindern voran ins Wohnzimmer. Dort nahm sie die Keksdose vom Regal und hob den Deckel ab. »Sieh doch, sie ist noch voll bis oben hin«, sagte sie, während sie Ryan die Dose unter die Nase hielt.

»Hab' ich dir doch gleich gesagt«, meinte Kirsty und wischte sich die Tränen aus dem Gesicht. Ryan sah beschämt zur Seite. Er wußte, daß er einen Fehler gemacht und seine Schwester zutiefst gekränkt hatte. Aber es fiel ihm ungeheuer schwer, seinen Fehler zuzugeben. So versuchte er, sich noch einmal herauszureden. »Warum sagst du erst, daß du Lebkuchen gegessen hast, wenn es gar nicht stimmt?« herrschte er Kirsty an.

»Weil ich sie im Traum gegessen habe, und ich hab' sie richtig auf der Zunge gespürt«, entgegnete Kirsty, nicht weniger gereizt.

»Dann gehst du am besten wieder ins Bett und träumst weiter«, sagte Ryan. »Und ich esse inzwischen die richtigen Lebkuchen.«

»Ich hätte ja weitergeträumt, wenn du mich nicht geweckt hättest!« An dieser Stelle mischte sich die Großmutter noch einmal ein. »Hört jetzt endlich auf zu streiten!« sagte sie mit strenger Stimme. »Sonst könnt ihr beide den Rest des Tages im Bett verbringen, und eure Eltern und ich, wir machen uns alleine über das Gebäck her.« Eine solche Warnung brauchten Ryan und Kirsty nicht zweimal zu vernehmen. Sie schluckten die Worte hinunter, die ihnen gerade noch auf der Zunge brannten, und verließen die Stube.

Nachdem auch Kirsty angezogen war und ihren Haferbrei gelöffelt hatte, versammelte sich die Familie wie an jedem Sonntagmorgen zu einer Andacht. Diesmal hatte die Großmutter kein selbstgedichtetes Lied für sie bereit. Sie hatte in der vergangenen Woche einfach keine Zeit dafür gefunden.

In der Kirche hörten sie heute wieder von Maria, zu der der Engel mit seiner besonderen Botschaft gekommen war. Als sie wußte, daß Gottes Sohn in ihrem Bauch heranwuchs, packte sie ihre Koffer und reiste zu ihrer Cousine Elisabeth, die in den Bergen wohnte. Elisabeth erwartete auch ein Baby. Als Maria sie begrüßte, hüpfte das Baby vor Freude in ihrem Bauch. Da rief Elisabeth: »Oh, wie hat dich Gott gesegnet, Maria, dich und dein Kind! In dem

Augenblick, als du mich gegrüßt hast, hat sich das Baby vor Freude in meinem Bauch bewegt. Freue dich, denn du hast geglaubt, daß Gottes Botschaft in Erfüllung geht!« Und Maria sang vor Freude ein Lied von Gottes Liebe (Luk. 1, 39–56).

Die Kinder sangen auch mehrere Lieder, die Steven auf seiner Gitarre begleitete. Hinterher hatte Conny etwas Besonderes mit ihnen vor. Sie breitete einen großen Bogen Papier auf dem Fußboden aus und ließ die Kinder drumherum Platz nehmen. Jamie fragte, ob das ein Stück von einer Tapetenrolle sei. Conny wußte es nicht. Sie hatte das Papier geschenkt bekommen.

»Wißt ihr, was wir jetzt machen?« fragte sie in die Runde. Die Kinder sahen sie gespannt an, nur Paula krähte geradewegs heraus: »Wir malen etwas!«

»Ja, da hast du recht, wir wollen etwas auf das Papier malen«, gab Conny zurück. Paula griff bereits nach der Wachskreide, die neben ihr in einer Schachtel lag.

»Halt! Warte!« rief Conny aus. »Du weißt doch noch gar nicht, was wir malen.« Dann erklärte sie den Kindern ihren Plan. Sie wollten ein Spiel herstellen, ein Spiel mit runden Feldern, auf denen Maria zu ihrer Cousine Elisabeth gelangen konnte. Unterwegs gab es natürlich ein paar Hindernisse zu überqueren, zum Beispiel einen Bach, dessen Brücke nur sicher war, wenn man eine Sechs würfelte, und einen Berg, für dessen Aufstieg Maria erst Kraft sammeln, das heißt einmal aussetzen mußte. Während sie malten, trugen die Kinder immer mehr Ideen zusammen. Bald gab es kaum noch einen weißen Flecken auf dem großen Papierbogen.

»Jetzt müssen wir es aber auch spielen«, sagte Fiona schließlich und rückte dabei ihre Brille zurecht. Steven teilte die Kinder in zwei Gruppen ein, denn mehr als sechs Figuren hatten auf dem Spielfeld keinen Platz. Die übrigen Kinder scharten sich unterdessen in einer Ecke um Conny, die ihnen eine Geschichte vorlas. Ryan war auch unter den Zuhörern. Die Geschichte handelte von einem Jungen, der nicht hören wollte. Was auch immer die Leute zu ihm sagten, er tat genau das Gegenteil, denn er dachte: »Die wollen mir nur den Spaß verderben oder mich in eine Falle locken und dann über mich lachen.« Er vertraute weder seinen Eltern noch seiner Lehrerin, noch dem Schäfer, der ihn vor einem Sturz in den Bach bewahren wollte. Selbst als er darin zu ertrinken drohte, wehrte er sich noch gegen die Hand des Fischers, der ihn herauszuziehen versuchte. »Sicher will er mich bloß tiefer hineinstoßen«, dachte der Junge, und so trugen ihn die Fluten davon. Aber am Ende wurde er von einem Biberdamm aufgefangen. Mit letzter Kraft zog er sich an den nassen Zweigen hoch und blieb erschöpft auf dem Damm liegen. Dort fand ihn der Biber und hatte Mitleid mit ihm. Er fütterte den Jungen mit Fisch, bis dieser sich wieder erholt hatte. Dann hörte er dem Jungen geduldig zu. »Weißt du was?« sagte er, als der Junge geendet hatte. »Du hast erlebt, wo es dich hinführt, wenn du kein Vertrauen hast. Willst du jetzt nicht einmal das Gegenteil versuchen und tun, was die Leute dir raten?« Der Junge nahm den Vorschlag an. Er kehrte zu seiner Familie zurück, und von nun an tat er, wie ihm geheißen. Dabei merkte er, daß sie es gar nicht böse mit ihm meinten, sondern ihn nur vor Unheil bewahren wollten.

Ryan war noch ganz von der Geschichte erfüllt, als seine Gruppe mit dem Spiel an die Reihe kam. »Maria hat dem Engel geglaubt«, ging es ihm durch den Kopf. »Sie hat getan, was Gott von ihr wollte, und hat Elisabeth und ihr Baby und viele andere Menschen damit glücklich gemacht.« Er dachte an den Morgen und wie garstig er zu Kirsty wegen der Sache mit den Lebkuchen gewesen war. Irgendwie plagten ihn immer noch die Gewissensbisse. Schließlich hatte er sich auch noch nicht bei ihr dafür entschuldigt, daß er sie so gekränkt hatte. Ryan konnte sich gar nicht richtig auf das Spiel konzentrieren. Immer wieder sah er zu Kirsty auf, die in einer Ecke saß und gespannt der Geschichte lauschte. Dann klangen die Orgeltöne aus der Kirche zu ihnen herüber, und sie wußten, daß der Gottesdienst zu Ende war. Während sie zur Tür hinausdrängten, nahm Ryan seine Schwester beiseite. Die Worte kamen gar nicht leicht über seine Lippen, aber er wußte, daß er sie nicht länger hinausschieben durfte. »Ich . . . ich wollte nur sagen . . . es tut mir leid, das mit den Lebkuchen heute morgen«, stammelte er. Kirsty war zuerst gar nicht richtig bei der Sache. Doch als sie Ryans Worte begriff, meinte sie: »Ich wünschte, du wärst im Traum dabeigewesen. Der Boden war so weich und die Sonne so warm und die Lebkuchen – sie sind mir richtig auf der Zunge zerschmolzen . . .« Und während sie ihren Traum mit Ryan teilte, kehrte der Glanz in ihr Gesicht zurück.

Spiel:
Maria auf dem Weg zu Elisabeth

Hierfür brauchst du wieder einen Bogen festes Papier. Links unten malst du Marias Haus hin und rechts oben das von Elisabeth. Jetzt zeichne einen Weg, der im Bogen von einem Haus zum andern führt, und fülle den Weg mit Spielfeldern aus, etwa so:

Nun denke dir Hindernisse aus, die Maria auf ihrem Weg zu überwinden hat, zum Beispiel einen Fluß (= muß warten, bis sie eine Sechs würfelt), einen Berg (= einmal aussetzen, um Kraft zu sammeln), einen federnden Grasteppich (= vier Felder vor, weil er die Schritte so leicht macht) oder ein wildes Tier

im Weg (= darf um die nächste Kurve gehen, um sich vor ihm zu verstecken).

Würfel und Figuren kannst du dir von einem anderen Spiel ausborgen. Jetzt brauchst du nur noch jemanden, der mitspielt. Viel Spaß dabei, und wenn es Streit gibt, vergeßt nicht, euch wieder zu vertragen!

Warum Kirsty beim Halmaspiel gewann

Draußen war es schon wieder dunkel. Der Wind heulte um das Haus und rüttelte an den Fensterläden, als wollte er sie mit sich fortreißen. Ryan und Kirsty saßen am Tisch in der Stube und spielten Halma. Im Kamin prasselte das Feuer. Es verbreitete nicht nur eine wohltuende Wärme und einen würzigen Geruch nach getrocknetem Torf, sondern es tauchte die Stube mit seinen lebendigen Flammen in ein heimeliges Licht. Die Großmutter saß auf dem Sofa und stopfte Ryans Pullover. »Wenn euer Vater nur gut heimkommt«, sagte sie und warf einen besorgten Blick aus dem Fenster.

»Ist er heute morgen mit dem Fahrrad los oder auf Skiern?« wollte Ryan wissen.

»Er hat seine Skier genommen«, entgegnete die Großmutter, »aber ich befürchte, der Schnee ist inzwischen so getaut, daß er sie auf dem Heimweg tragen muß.«

Als Ryan und Kirsty aus dem Schulbus gestiegen waren, hatten sie bereits mit Bedauern festgestellt, daß ihr Schneekind in sich zusammengesackt war. Der alte Topf saß ihm schräg auf der Schulter, während Mund und Nase bereits auf dem Boden lagen. Überall tropfte der geschmolzene Schnee von den Zweigen der Bäume und von den

Dächern der Häuser. Es war schlimmer als Regenwetter, und Ryan und Kirsty hatten nichts dagegen, den Rest des Tages im Haus zu verbringen.

»Du bist dran«, sagte Kirsty, womit sie Ryan aus seinen Gedanken weckte.

»Papa wird sicher naß bis auf die Haut«, sagte er, während seine Hand nach der kleinen Spielfigur griff und sie ein Feld weiterschob.

»Seine Regenkleidung wird ihn schon trockenhalten«, meinte die Großmutter. »Was mir mehr Sorgen macht, ist der Wind.« Sie drehte sich noch einmal um und preßte ihr Gesicht gegen die Fensterscheibe. »Das sieht nicht schön aus da draußen«, murmelte sie.

Kirsty tat ihren Zug auf dem Halmabrett. Sie hatte das Spiel gerade erst gelernt und bisher immer gegen Ryan verloren. Doch heute sah es so aus, als ob sie gewinnen könnte. Sicher lag es daran, daß Ryan nicht ganz bei der Sache war. Der Wind stieß auf einmal mit besonderer Kraft gegen das Haus, und für einen Augenblick erzitterte der Boden unter ihren Füßen. Die Kinder sahen sich erschrocken an. »Wenn der Wind bloß nicht das Dach abreißt«, sagte Ryan besorgt.

»Das ganze Dach sicher nicht, aber vielleicht trägt er ein paar Schindeln mit sich fort.« Die Großmutter legte ihr Stopfzeug beiseite und stand auf. »Ich gehe besser mal nach unserer Suppe gucken«, meinte sie und ging auf die Tür zu. Gerade als sie auf die Klinke drückte, ging plötzlich das Licht aus. »Oh!« rief Kirsty erschrocken, während Ryan von seinem Platz aufsprang. Sein Stuhl fiel um und polterte zu Boden. Dann war es auf einmal still.

»Großmutter?« fragte Kirsty ängstlich.

»Ja, ich bin hier«, kam es von der Tür zurück. »Wahrscheinlich hat der Sturm irgendwo die Stromleitung durchgerissen.« Ryan tastete sich am Tisch entlang. Immerhin verbreitete das Feuer im Kamin einen schwachen Schein, so daß es nicht stockfinster war. »Was sollen wir jetzt machen?« fragte Ryan, doch da kam ihm auch schon eine Idee. »Ich hab's! Wir zünden die Kerzen vom Adventskranz an. Dann haben wir wieder Licht.« Er fand den Adventskranz im Regal neben dem Sofa.

»Warte mal«, sagte die Großmutter und trat auf ihn zu. »Gib mir eine von den Kerzen, damit ich meinen Weg in die Küche finde.« Ryan nahm die Kerze aus ihrem Halter und reichte sie ihr. Dann griff er nach der Streichholzschachtel, die ebenfalls auf dem Regal lag. Die Großmutter vergaß heute sogar, ihn zur Vorsicht zu ermahnen, und gleich beim ersten Streich loderte von dem Zündholz die Flamme auf. Ryan hielt es zuerst an den Docht der Kerze, die noch auf dem Kranz steckte. Dann hob er das Streichholz zu der Kerze der Großmutter. Inzwischen hatte die Flamme aber schon so viel von dem dünnen Holz verzehrt, daß Ryan sich plötzlich die Finger verbrannte. Schnell blies er die Flamme aus. Er versuchte, sich die Schmerzen und den Schrecken nicht anmerken zu lassen und nahm ein neues Streichholz aus der Schachtel. Doch die Großmutter beugte sich bereits vor und entzündete ihre Kerze an der Flamme der anderen.

»So, nun werde ich nach unserer Suppe gucken«, sagte sie und verließ mit ihrem Licht das Zimmer. Ryan stellte den Adventskranz vorsichtig auf den Tisch. »Jetzt können wir genug sehen, um weiterzuspielen«, meinte er zufrieden.

»Ich glaube, du bist dran«, entgegnete Kirsty, die sich langsam von ihrem Schrecken erholte. Da hörten sie die Haustür klappern. Sie horchten beide auf. »Das war nicht der Wind«, sagte Ryan leise.

»Vielleicht ist Papa heimgekommen!« Mit einem Satz sprangen sie auf und eilten zur Tür. Doch es war nicht der Vater, sondern die Mutter. Sie trug ihre Stallkleidung, und an ihren Stiefeln klebte der Dung. »Ist bei euch auch alles dunkel?« rief sie in den Hauseingang hinein.

»Ja, der Strom ist ausgefallen«, gaben Ryan und Kirsty gleichzeitig zurück.

»Da hat sicher irgendwo ein Ast die Leitung durchgehauen«, meinte die Mutter. »Könnt ihr mir die Streichhölzer bringen, damit ich die Sturmlaternen anzünden kann?« Ryan eilte ins Wohnzimmer und kehrte mit der Schachtel zurück. Die Mutter griff mit ihren kalten Händen danach. »Danke, Ryan. Ist bei euch alles in Ordnung?« Die Kinder nickten, doch die Großmutter rief aus der Küche: »Ich brauche jemanden, der mir die Kerze hält, sonst kann ich die Suppe nicht umrühren.«

»Ich komme schon«, rief Kirsty ihr zu und lief in die Küche. Die Mutter wandte sich zum Gehen, aber dann drehte sie sich noch einmal um. »Ist Papa schon zurück?« wollte sie wissen. Ryan schüttelte den Kopf. »Nein, noch nicht.«

»Er wird sicher bald hiersein«, entgegnete die Mutter, bevor sie die Haustür hinter sich schloß. Ryan schlenderte in die Küche. Die Großmutter streute gerade ein paar Gewürze in den Topf und drehte die Gasflamme kleiner. Kirsty hielt dabei die Kerze in die Höhe.

»Wir brauchen einen Kerzenhalter«, sagte Ryan unvermittelt.

»Wie wär's, wenn ihr einen bastelt?« schlug die Großmutter vor.

»Oder gleich mehrere«, mischte sie Kirsty jetzt ein. »Schließlich brauchen wir in unseren Schlafzimmern auch Licht.« Die Suppe konnte noch eine Weile vor sich hin brodeln. So kehrte die Großmutter mit den Kindern ins Wohnzimmer zurück und steckte ihre Kerze wieder in den Halter auf dem Adventskranz. Dann überlegte sie einen Augenblick. »Was haltet ihr von Goldfolienständern?« fragte sie und ging auch schon auf den Wandschrank zu. In einer der Schubladen bewahrte sie Bastelmaterial auf. Sie brauchte nicht lange zu suchen. Die Goldfolie hatte sie neulich erst besorgt.

»So, jetzt brauchen wir noch Scheren und Klebstoff und einen breiten Becher«, sagte sie, während sie das Halmabrett beseite schob.

»Einen breiten Becher?« Ryan zog seine Stirn in Falten.

»Du wirst schon sehen, wofür wir den brauchen«, entgegnete die Großmutter.

Ryan nahm die Kerze und leuchtete damit seinen Weg in die Küche. Kurz darauf kehrte er mit dem größten Becher zurück, den er hatte finden können.

»Der ist genau richtig«, meinte die Großmutter und preßte auch schon den Rand des Bechers auf die vor ihr liegende Goldfolie. Dann fuhr sie mit einem Bleistift daran entlang. Als sie den Becher anhob, sahen die Kinder einen Kreis.

»So, jetzt kommt ihr dran. Wir brauchen für jeden Kerzenhalter zwei Kreise.« Sie reichte Kirsty den Becher, und diese machte sich sogleich an die Arbeit. Ryan begann damit, die Kreise auszuschneiden. Als sie zehn Stück davon hatten, fragten sie die Großmutter, wie es weiterging.

»Jetzt müssen wir falten und schneiden und dann die Ecken einrollen.« Sie machte es ihnen vor. Ryan und Kirsty sahen gespannt zu, bevor sie es selbst versuchten. Doch ohne die Hilfe der Großmutter brachten sie es nicht zustande. Schließlich wurden je zwei der runden Sterne aufeinandergeklebt, und in die Mitte ließ die Großmutter ein wenig Wachs tropfen, in das sie die Kerze preßte.

»Jetzt steht sie!« rief Kirsty freudig aus. »Und wie schön der Kerzenhalter glänzt!«

»Komm, laß uns die andern auch fertig machen«, sagte Ryan ungeduldig. Die Großmutter nahm noch mehr Kerzen aus dem Schrank. Während Ryan und Kirsty sie an den Haltern befestigten, trat sie noch einmal ans Fenster. »Ich hoffe nur, daß ihm unterwegs nichts passiert ist«, murmelte sie.

»Meinst du vielleicht, daß Papa von einem herabgestürzten Ast getroffen wurde?« fragte Ryan, der ihre Worte aufgeschnappt hatte.

»O nein, sag doch nicht so was!« fuhr Kirsty ihn an. Doch Ryan fuhr unbeirrt fort: »Oder wenn der Wind ihn die Böschung runtergeblasen hat und in den Fluß hinein . . . der hat doch jetzt so viel Wasser von all dem geschmolzenen Schnee . . .«

»Sei still, Ryan!« Kirsty war aufgesprungen und hatte dabei versehentlich eine der Kerzen umgestoßen.

»Paß doch auf!« schimpfte Ryan. »Ich hab' ja nur gesagt, was passiert sein könnte.«

»Ich will aber nicht, daß Papa was passiert!« Kirsty brach auf einmal in lautes Schluchzen aus. Da trat die Großmutter an sie heran und nahm sie in den Arm. »Laßt uns beten, daß Gott auf ihn aufpaßt«, sagte sie ruhig. »Und wenn er in einer halben Stunde nicht zu Hause ist, dann bitte ich Mr. MacPhearson, mit seinem Jeep die Straße abzufahren.«

Nach dem Gebet fühlte sich Kirsty schon viel besser. Um sich die Zeit zu vertreiben, setzten die Kinder ihr Halmaspiel fort. Ryan, dem es jetzt leid tat, daß er Kirsty mit seinen Worten so geängstigt hatte, tat sogar absichtlich ein paar dumme Züge.

»Da – ich hab' gewonnen!« rief Kirsty schließlich aus. Sie konnte es noch gar nicht recht fassen. Doch kurz darauf wurde ihre Freude noch größer. Wieder machte sich jemand an der Haustür zu schaffen. Bevor Ryan und Kirsty nachsehen konnten, wer es war, hörten sie auch schon die tiefe Stimme des Vaters. »Oh, was für ein Wetter!«

stöhnte er, während er sich von der schweren Regenkleidung befreite.

»Gott sei Dank, daß dir nichts passiert ist«, stieß die Großmutter erleichtert aus. »Wir hatten uns schon Sorgen gemacht.«

»Oh, das tut mir aber leid«, gab der Vater zurück. »Ich wurde so lange bei den MacEwans aufgehalten. Ihr Keller stand unter Wasser, und die Pumpe war kaputt. Das war ein gutes Stück Arbeit.«

»Dann bist du jetzt sicher hungrig.« Die Großmutter verschwand in der Küche, um den Tisch zu decken. Wenig später kam auch die Mutter aus dem Stall, und gemeinsam saßen sie im Kerzenschein um den Eßtisch und genossen die würzige Suppe.

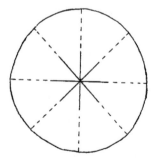

Bastelarbeit: Kerzenhalter

Hierfür brauchst du Goldfolie, Schere, Klebstoff, einen Becher mit breitem Rand und einen Bleistift.

Breite die Goldfolie auf dem Tisch aus, und presse den Rand des Bechers darauf. Wenn du in einer Ecke beginnst, reicht der Bogen für mehrere Kreise. Ziehe mit dem Bleistift am Rand entlang, um einen Kreis zu bekommen. Für jeden Kerzenhalter brauchst du zwei Kreise. Nun schneide sie sorgfältig aus. Dann wird der Kreis in der Mitte gefaltet. Der daraus entstandene Halbkreis wird noch einmal gefaltet, und der Viertelkreis noch einmal. Wenn du alles wieder auseinanderfaltest, findest du acht Falten auf deinem Kreis. Schneide diese von außen her zur Hälfte ein. Nun nimm die Spitze des Bleistiftes, und rolle die einzelnen Stücke darum, so daß es wie ein Stern mit runden spitzen Zacken aussieht.

Wiederhole das Ganze mit dem zweiten Kreis. Dann klebe beide Sterne so aufeinander, daß die Zacken jeweils nebeneinander liegen. Dein Kerzenhalter ist fertig. Wähle eine passende (nicht zu große) Kerze, und klebe sie mit flüssigem Wachs am Halter fest. Jetzt kann ruhig der Strom ausfallen, ohne daß du im Dunkeln sitzt.

Warum die Kinder in der Schule so lachen mußten

Als Ryan am Morgen erwachte, wunderte er sich über die Kerze neben seinem Bett. Langsam kehrte die Erinnerung an den vergangenen Abend zurück. Er stieg aus dem Bett und ging zur Tür. Ein Druck auf den Lichtschalter und – Ryan kniff schnell seine Augen zu. Die Stromleitung mußte in der Nacht noch repariert worden sein. Nach einer Weile gewöhnten sich seine Augen an das grelle Licht, und er begann, sich anzuziehen. Draußen hatte sich der Wind gelegt, aber überall rauschte das Tauwasser.

»Vielleicht ist der Fluß so angeschwollen, daß die Brücke überschwemmt ist«, dachte Ryan. »Dann können wir heute nicht zur Schule.«

Doch der Schulbus hielt pünktlich an der Straße, und der Fahrer sah noch mürrischer drein als sonst. Da erinnerte sich Ryan an das, was sein Vater am Abend erzählt hatte. »Bei den MacEwans stand der Keller unter Wasser, und die Pumpe war kaputt.« Der Busfahrer hieß Mr. MacEwan. Kein Wunder, daß ihn das Ereignis nicht in beste Laune versetzte.

In der Schule berichteten Kirsty und Ryan sogleich vom Stromausfall. Die Kinder von Auchallater, einem Gehöft südlich von Braemar, hatten aber noch mehr zu erzählen. Bei ihnen war der reißende

Strom über die Ufer getreten, der von den Bergen herunterschoß und sich unterhalb des Hauses in den Cluniefluß ergoß. Sie hatten zuerst versucht, ihr Haus mit Strohballen vor der Flut zu schützen, aber diese hatten sich in Windeseile voll Wasser gesogen. Die Feuerwehr kam und half mit Sandsäcken aus. Für die Stallungen reichten sie allerdings nicht, und so mußte das Vieh in den Vorgarten getrieben werden, um vor der Flut sicher zu sein. Die Kinder waren die halbe Nacht aufgeblieben, um ihren Eltern und den Feuerwehrleuten zu helfen. Da war es kein Wunder, daß Ross, der jüngste von ihnen, im Unterricht einschlief. Mrs. Sinclair weckte ihn erst, als es Zeit für die Mittagspause war.

Draußen begann es wieder zu regnen. Einige Kinder gingen trotzdem auf den Hof zum Spielen. Wozu gab es schließlich Gummistiefel und Regenjacken! Ryan war auch unter ihnen. Er hatte in einer Ecke des Schulhofs eine tiefe Pfütze entdeckt, die er mit einem Sprung überquerte. Malcolm und Alastair kamen angelaufen und machten es ihm nach. Nach und nach schlossen sich ihnen noch mehr Kinder an. Einige wählten nicht mehr die schmalste Stelle der Pfütze, sondern wagten den Sprung, wo sie am breitesten war. Ryan landete gerade so am Rand. Ein paar Tropfen spritzten in seine Stiefel, doch er lachte zufrieden. Malcolm hatte mit seinen langen Beinen keine Schwierigkeiten, und seine Schwester Catriona schaffte es auch, ohne dabei naß zu werden. Aber kurz darauf hörten sie alle ein lautes Platschen.

»Alastair!« rief jemand aus. Catriona watete in die Pfütze und half ihm wieder auf die Beine. Alastairs Gesicht war vom Schmerz verzerrt, doch er bemühte sich, seine Tränen zurückzuhalten. Er war beim Absprung gestolpert und bäuchlings im Wasser gelandet. Seine Hände schmerzten vom Aufprall auf den harten Boden. Das Wasser tropfte ihm von der Jacke, und in seinen Stiefeln gluckste es bei jedem Schritt. Malcolm konnte sich ein Kichern nicht verkneifen. Da begann Alastair selbst zu lachen. Immerhin konnte er damit die Tränen im Zaum halten.

»Mensch, du siehst ja aus wie der Schneemann in unserm Garten!« sagte Malcolm. »Von dem tropft auch überall das Wasser herab.« Jetzt mußten auch die andern Kinder lachen.

»Unser Schneekind hat sich schon aufgelöst«, warf Ryan in die Runde.

»Dann machst du wohl besser, daß du ins Haus kommst, Alastair, sonst fließt du uns auch noch weg!« Malcolm legte ihm die Hand auf die Schulter und schob ihn vor sich her zum Schulhaus. Seine Kleidung war so durchnäßt, daß ihn der Lehrer zum Umziehen heimschickte. Zum Glück wohnte Alastair gleich um die Ecke.

Während der Regen weiterhin gegen die Fensterscheiben klopfte und auf das Dach trommelte, ließ Mr. MacKenzie die Kinder ihre Heimatkundebücher aufschlagen. Sie lernten gerade etwas über einen Steinbruch in der Nähe von Braemar, in dem schon seit über hundert Jahren Schiefer gebrochen wurde. Da spürte Ryan plötzlich etwas Feuchtes auf seiner Hand. Er sah den Tropfen und starrte für einen Augenblick auf seinen Tischnachbarn. Hatte der ihn etwa angespuckt? Aber dann würde er jetzt nicht so ruhig über seinem Buch brüten. »Wer weiß, vielleicht war es nur ein Tropfen von meinen Haaren«, dachte Ryan und wischte sich die Hand am Pullover ab. Mr. MacKenzie fuhr unterdessen fort, von dem Steinbruch zu berichten. Er erzählte gerade, daß der Schiefer mit der Eisenbahn bis nach Edinburgh transportiert wurde, als Ryan noch einmal einen Tropfen auf seiner Hand spürte. Wieder sah er sich um. Erlaubte sich etwa jemand einen Streich mit ihm? Während er noch darüber rätselte, tropfte es plötzlich in sein Buch. Da hob Ryan seinen Kopf und sah zur Decke hinauf. Er erkannte den dunklen Fleck und wußte sogleich, was er bedeutete. Seine Hand schnellte in die Höhe, aber Mr. MacKenzie beachtete ihn nicht. Erst als Ryan mit dem Finger zu schnalzen begann, wandte der Lehrer ihm seinen Blick zu. »Was ist denn, Ryan?« fragte er ein wenig gereizt. Er mochte es nämlich gar nicht, wenn ihn die Kinder unterbrachen. Fragen sollten immer erst am Schluß gestellt werden. Aber Ryan wollte gar nichts fragen. Er sagte nur: »Das Dach ist undicht. Es tropft auf mein Heft.«

Mr. MacKenzie trat näher. Da löste sich auch schon der nächste Tropfen von der Decke. »Du hast recht. Es muß bei dem Sturm ein Loch bekommen haben.« Für einen Augenblick stand er unschlüssig vor Ryans Tisch. Da meinte dieser schnell: »Mein Vater kann es reparieren. Er hat das schon oft getan. Wenn Sie wollen, kann ich ihn gleich holen. Ich weiß, wo er ist.« Ryan war bereits aufgesprungen und wollte zur Tür eilen. Doch Mr. MacKenzie hielt ihn zurück. »Laß mich erst mit Mrs. Rutherford sprechen. Sie hat das letzte Wort.« Er räusperte sich. »Jetzt schieben wir erst einmal euren Tisch beseite, damit dir nicht das Buch verdirbt.« Lärmend scharrte der schwere Holztisch über den Fußboden. Dann ging Mr. MacKenzie zu seinem Pult zurück und leerte die Dose, in der er die Tafelkreide aufbewahrte. Diese stellte er auf den Fußboden unter die undichte Stelle im Dach.

»Plong!« machte es, als der erste Tropfen in die Dose fiel. Die Kinder lachten, aber Mr. MacKenzie ermahnte sie zur Ruhe. »Laßt uns mit unserem Schiefersteinbruch fortfahren«, hallte seine Stimme durch die Klasse.

»Am besten gehen wir gleich hin und holen ein Stück, um damit das Dach zu reparieren«, schlug Ranald vor und grinste dabei in die Runde. Der Lehrer warf ihm einen tadelnden Blick zu. »Melde dich gefälligst, wenn du etwas sagen willst!« fuhr er den Jungen an. Doch dann zeigte er sich etwas versöhnlicher. »Ranald hat gar nicht so unrecht«, meinte er. »Das Dach von unserem Schulhaus ist nämlich mit dem Schiefer gedeckt, den die Männer dort aus dem Steinbruch hauen.« Damit war er wieder bei seinem Thema gelandet.

Die Dose füllte sich langsam, und die Kinder hatten sich bald an das stetige »Plong« der Wassertropfen gewöhnt. Nach der Heimatkundestunde ging Mr.

MacKenzie zur Schulleiterin, um ihr von dem undichten Dach zu berichten. Mrs. Rutherford sagte, sie wolle sich darum kümmern, daß es noch am selben Tag repariert wurde.

Dann näherte sich die letzte Schulstunde. Mr. MacKenzie nahm ein großes Buch aus dem Schrank und schlug es dort auf, wo ein Lesezeichen zwischen den Seiten hervorsah. Er räusperte sich und ließ seine Augen in die Runde schweifen. Niemand wagte es mehr, mit dem Nachbarn zu tuscheln oder auf dem Stuhl hin und her zu rutschen. Jeder wußte, daß der Lehrer für die nächsten Minuten absolute Stille forderte, denn er wollte ein Gedicht vortragen. Ryan fragte sich manchmal, wozu er das dicke Buch benötigte, denn Mr. MacKenzie sah nicht ein einziges Mal auf die Seiten. Er stellte sich auf wie ein Opernsänger, der sich für sein Solo bereit macht. Ryan war einmal in der Oper gewesen, und er würde jenen Abend nie vergessen. Mrs. MacPhearson hatte im letzten Winter zwei Eintrittskarten für »Don Quichotte« gewonnen, aber ihr Mann, der Förster, weigerte sich, mit ihr nach Aberdeen zum Opernhaus zu fahren. »Das Gejaule ist ja schlimmer als das von unseren Hunden, wenn sie ihr Futter nicht rechtzeitig bekommen«, hatte er gesagt. So war Mrs. MacPhearson zu den Nachbarn gelaufen und hatte die Großmutter eingeladen, sie zu begleiten. Sie war sofort begeistert. »Eine Oper! So was hab' ich schon seit Jahren nicht mehr gehört!« Ihrem Verhalten nach mußte es sich um etwas außergewöhnlich Großartiges handeln, und so hatte Ryan so lange gebettelt, bis er mitgehen durfte. Die Kostüme und die Musik waren wirklich überwältigend. Doch am meisten beeindruckten Ryan die Solosänger, die sich – genau wie Mr. MacKenzie jetzt – in einer Pose aufstellten, die ihn mit Ehrfurcht erfüllte. Da wurde die erwartungsvolle Stille der Kinder plötzlich von dem »Plong« eines Wassertropfens durchbrochen. Zwei Mädchen begannen zu kichern. Mr. MacKenzie warf ihnen einen strengen Blick zu, der sie sofort zum Schweigen brachte. Dann begann er endlich mit seinem Gedicht.

>»Schwarz umhüllet das Gewölbe
eine sternenlose Nacht,
doch da mischt sich in dasselbe
eine Stimme, die da –«

»Plong – plong«, wurde er unterbrochen, als sich zwei Tropfen gleichzeitig von der Decke lösten und in die Dose sausten. Irgend jemand konnte sich nicht zusammennehmen und prustete hinter vorgehaltener Hand los. Das verhaltene Lachen steckte sofort die anderen Kinder an. Ryan warf einen Blick in die Dose, die bereits zur Hälfte mit Wasser gefüllt war. Da sorgte Mr. MacKenzies Stimme noch einmal für Ruhe. »Also gut, wenn ihr nicht zuhören wollt, dann müßt ihr das Gedicht eben von der Tafel abschreiben«, sagte er mit hochrotem Kopf und griff nach der Kreide. Die Kinder nahmen schweigend ihre Hefte zur Hand.

Als Ryan den letzten Satz beendete, hörte er die Schulglocke klingeln. Der Lehrer sah noch einmal auf. »Bis morgen früh habt ihr alle das Gedicht gelernt!« hallte seine Stimme durch die Klasse. Die Kinder seufzten. Sie wußten, daß sie Mr. MacKenzie mit ihrem Gelächter zutiefst gekränkt hatten. »Aber das mit den Tropfen war einfach zu komisch«, flüsterte ein Mädchen, das hinter Ryan saß. Er drehte sich kurz zu ihr um und entgegnete: »Er hätte Opernsänger werden sollen. Das paßt besser zu ihm.« Dann packte er seine Schulsachen zusammen und trat auf den Flur hinaus. Dort wäre er beinahe mit seinem Vater zusammengestoßen.

»Bist du gekommen, um das Dach zu reparieren?« fragte Ryan ihn.

»Ja, ich hab' gehört, daß dir der Regen direkt auf dein Schulheft getropft ist«, entgegnete dieser.

»Und auf die Hand«, setzte Ryan hinzu und lief lachend zur Bushaltestelle.

Setze die fehlenden Buchstaben ein, und lerne das Gedicht auswendig. Ich bin sicher, daß du es schaffst. Viel Freude dabei!

Schwarz umhüllet das Gewölbe
eine sternenlose Nacht,
doch da mischt sich in dasselbe
eine Stimme, die da l_ _ _ _.

Von hoch droben ist sie kommen,
aus dem Nichts, der Dunkel_ _ _ _.
Oder ob dort ganz verschwommen
jemand zwischen Wolken weilt?

Zu der Stimme sich gesellet
eine zweite und noch mehr,
plötzlich ist die Nacht erh_ _ _ _ _
von dem ganzen Engelheer.

»Friede bringen wir den Menschen«,
singen sie in trautem Chor.
»Frieden allen, die es wün_ _ _ _ _,
öffnet Herzen, öffnet Ohr!«

»Euch ist der Heiland heut geboren
in einem Stall, fürchtet euch nicht!
Hat sich die dunkelste Nacht erkoren,
sie zu erhellen mit ew'gem L_ _ _ _.«

Warum Kirsty der Klasse etwas vorsingen durfte

Ryan brütete über seinem Schreibheft und versuchte, sich die Zeilen einzuprägen. »Du hättest es gestern abend lernen sollen«, sagte die Großmutter. »Jetzt ist es wahrscheinlich zu spät dafür.« Ryan schenkte ihren Worten keine Beachtung. Er mußte sich das Gedicht irgendwie einprägen, sonst würde ihn Mr. MacKenzie sicher wieder in der Mittagspause nachsitzen lassen. Die ersten beiden Verse konnte er bereits aufsagen, aber da waren ja noch drei weitere. Kirsty hörte ihm wie gebannt zu. Sie hatte sich schon immer für Gedichte begeistert, was man von Ryan nicht sagen konnte.

»Zu der Stimme sich gesellet eine zweite und noch mehr . . .« murmelte sie.

»Du kannst es besser als ich«, meinte Ryan. »Schade, daß wir nicht einfach für eine Stunde die Klassen tauschen können.« Kirsty griff die Idee sogleich auf. »Warum nicht?« fragte sie. »Wir können Mrs. Sinclair und Mr. MacKenzie ja einfach mal fragen.«

Ryan sah von seinem Heft auf. »Ach, die würden das doch nie erlauben«, sagte er. »Und wer weiß, was ich in deiner Klasse machen müßte. Vielleicht so einen babyhaften Text aus dem Lesebuch lesen.« Er seufzte und beugte sich wieder über die

Zeilen. »Zu der Stimme sich gesellet eine zweite und noch mehr . . .«

Als sie wenig später in den Schulbus einstiegen, konnte Kirsty das Gedicht tatsächlich schon auswendig. Sie erfand sogar eine Melodie dazu, die allerdings bei jeder Strophe anders klang. »Schwarz umhüllet das Gewölbe eine sternenlose Nacht«, sang sie leise vor sich hin und sah dabei aus dem Fenster. Draußen war es wirklich noch Nacht. Um diese Jahreszeit ging die Sonne erst gegen halb zehn Uhr auf. Sterne konnte sie auch nirgendwo entdecken, nur ab und zu leuchtete das Licht eines Hauses in der Dunkelheit auf.

Ryan mußte sich den Gesang die ganze Fahrt über anhören, da er nun einmal neben seiner Schwester saß. Doch obwohl ihn Kirstys Stimme manchmal rasend machte – vor allem, wenn sie sie nicht wieder abstellen konnte –, war er heute darüber froh, ihr zu lauschen. In Gedanken stimmte er in die Verse mit ein, und bald flossen sie ebenfalls über seine Lippen. Im Rhythmus der Melodie ließen sich die Worte leichter merken.

Nach der Morgenversammlung begann Mr. MacKenzie sogleich mit seinem Lieblingsfach. »Wollen wir doch die beste Zeit des Morgens dazu nutzen, uns an dem schönen Gedicht zu laben«, sagte er. Ryan hob seinen Kopf und blickte auf die Stelle, von der gestern das Wasser auf sein Pult getropft war. Er konnte noch einen dunklen Ring erkennen, den die Feuchtigkeit hinterlassen hatte. »Papa hat gute Arbeit geleistet«, dachte er stolz. Da riß ihn Mr. MacKenzie aus seinen Gedanken.

»Träumst du schon wieder vor dich hin, Ryan?«
sagte er scharf. Ryan wandte erschrocken seinen
Kopf.

»Nun, du kannst gleich mal nach vorne kommen.« Mr. MacKenzie schien sich an seinem Gesichtsausdruck zu freuen, der den Schrecken widerspiegelte. Da wurde Ryan auf einmal wütend.
Wenn der Lehrer meinte, daß er ihm eins auswischen konnte, dann hatte er sich aber getäuscht!
Ryan würde das Gedicht aufsagen, Vers für Vers,
nein – er würde es singen, so wie Kirsty es im Bus
getan hatte, oder besser noch wie der Opernsänger
in »Don Quichotte«. Er marschierte zur Tafel und
wartete auf den nächsten Befehl.

»So, jetzt laß uns mal hören, was du zu Hause
gelernt hast«, sagte Mr. MacKenzie, wobei er jedes
Wort auf der Zunge auszukosten schien. Ryan
straffte seinen Oberkörper. Er räusperte sich und
warf seinen Kopf in den Nacken. Wenn er nur etwas
in den Händen gehabt hätte, an dem er sich hätte
halten können! Auf einmal wußte er, warum Mr.
MacKenzie immer das dicke Buch aus dem
Schrank nahm, obwohl er die Gedichte bereits auswendig kannte. Da Ryan nichts Besseres mit seinen Armen zu tun wußte, legte er sie straff auf seine
Oberschenkel. Dann begann er zu singen.

»Schwarz umhüllet das Gewölbe
eine sternenlose Nacht,
doch da mischt sich in dasselbe
eine Stimme, die da lacht«,
hallte es durch den Raum.

Von den Kindern lachte niemand. Sie starrten mit offenem Mund auf Ryan, der die Welt um sich her nicht mehr wahrnahm. Seine Arme erhoben sich wie von selbst, als wollten sie das Engelheer auffangen, das aus dem Dunkel zu ihm herabkam. »Friede bringen wir den Menschen«, sang er, wobei seine Stimme so klar und kräftig klang wie die eines Engels. Nicht nur die Kinder waren sprachlos vor Staunen. Auch Mr. MacKenzie schien auf seinem Platz neben dem Pult erstarrt zu sein. So etwas hatte er in den achtzehn Jahren, die er nun schon in Braemar unterrichtete, noch nicht erlebt. Als Ryan endete, war es plötzlich ganz still.

».. . mit ew'gem Licht . . . mit ew'gem Licht . . .« Die Worte schienen in der Luft zu hängen. Jetzt erst kehrte Ryan in die Gegenwart zurück. Er ließ seine Arme sinken, die sich immer noch nach den Engeln ausstreckten, und sah auf einmal scheu in die Runde. Es war Catriona, die zuerst aus ihrer Erstarrung erwachte und zu klatschen begann. Andere stimmten in den Applaus mit ein, und schließlich konnte sich sogar Mr. MacKenzie nicht mehr länger zurückhalten. »Bravo! Das war wunderbar, einfach wunderbar!« Dem sonst so strammen und unnahbaren Mann lief sogar vor Verzückung eine Träne die Wange hinab. Dann wurden die Kinder des Klatschens müde, und langsam kehrte wieder Ruhe ein. Ryan wollte sich wieder setzen, doch der Lehrer hielt ihn zurück. »Warte! Du mußt mir erst erzählen, wie du auf diese Melodie gekommen bist. Das war –« Er suchte nach Worten. »Das war so passend.«

Ryan sah verlegen auf den Fußboden und vergrub seine Hände in den Hosentaschen. »Es war Kirstys Idee«, gestand er.

»Kirsty?« Der Lehrer runzelte seine Stirn.

»Ja, meine Schwester. Sie ist in Mrs. Sinclairs Klasse«, erklärte Ryan schnell.

»Deine kleine Schwester?« fragte Mr. MacKenzie ungläubig.

»Und sie hat diesen hervorragenden Versen einen solch passenden Klang verliehen?« Ryan nickte und sah wieder zur Seite. Zwar hatte er es Mr. MacKenzie mit seinem Auftritt zeigen wollen, aber jetzt wäre er doch lieber wieder still auf seinem Platz verschwunden. Der Lehrer schüttelte noch immer ungläubig den Kopf. Dann sagte er auf einmal: »Das muß ich mit eigenen Ohren hören.« Und er schickte Ryan in die Nebenklasse, um Mrs. Sinclair zu bitten, Kirsty für fünf Minuten herüberkommen zu lassen.

Die Kinder schrieben gerade Wörter von der Tafel ab, aber Kirsty war wie immer schnell damit fertig. Als Ryan ihr auf dem Flur erzählte, worum es ging, begann sie vor Freude zu hüpfen. »Siehst du? Ich hab' doch darum gebetet, daß ich das Gedicht auch aufsagen darf.«

»Nicht aufsagen«, verbesserte Ryan sie, »vorsingen sollst du es!«

Kurz darauf kam die Klasse noch einmal in den Genuß einer musikalischen Darbietung. Kirsty verhaspelte sich nicht ein einziges Mal, und wieder traten Mr. MacKenzie Tränen in die Augen. Ryan beobachtete ihn von seinem Platz aus. »Ich wußte doch, daß er eigentlich ein Opernsänger hätte werden sollen«, dachte er dabei.

Als Kirsty geendet hatte, wurde sie ebenfalls mit lautem Applaus bedacht. Natürlich freuten sich die anderen Kinder, daß sie dank Ryans und Kirstys Auftritt selber vom Aufsagen des Gedichtes verschont geblieben waren. Bevor Kirsty in ihre Klasse zurückging, legte ihr Mr. MacKenzie seine schwere Hand auf die Schulter und sagte voll Anerkennung: »Mein Kind, laß diese Gabe niemals verkommen, hörst du? Auch wenn sich der Applaus eines Tages in Neid und Gelächter verwandelt, bleibe du bei dem, was der Herrgott dir anvertraut hat.« Damit ließ er Kirsty gehen. Ihre Augen glänzten vor Freude.

Der Rest des Tages war für Ryan eine Wonne. Er hatte Mr. MacKenzies Gunst erworben, und das kostete er in den folgenden Stunden noch richtig aus. Schließlich saß er wieder neben Kirsty im Schulbus, während sich draußen die sternenlose Nacht über das Land breitete.

Als sie die Haustür öffneten, platzte Kirsty sofort mit ihrer Neuigkeit heraus. Die Mutter und Großmutter hörten ihr geduldig zu, doch dann hatten sie selbst eine Neuigkeit zu verkünden.

»Tante Julie aus Australien hat uns geschrieben«, sagte die Mutter, während sie den Brief vor den Kindern auf den Küchentisch legte. Ryan staunte über die Briefmarke mit dem Känguruh darauf. »Laufen die dort frei herum wie bei uns die Hirsche?« wollte er wissen. Die Mutter nickte. »Ja, und wißt ihr was? In Australien ist jetzt gerade

Sommer, weil es auf der anderen Seite der Erdkugel liegt. Deshalb bekommen eure Cousins und Cousinen in ein paar Wochen Sommerferien, und Tante Julie überlegt, ob sie uns mit Jenny und Morgan besuchen kommt. Sie hat es ja schon lange vorgehabt, aber der Flug ist ziemlich teuer.« Ryan und Kirsty redeten durcheinander, bis die Großmutter sich Gehör verschaffte.

»Es dauert ja noch ein paar Wochen, falls sie kommen«, sagte sie. »Der Brief hat mich auf jeden Fall daran erinnert, daß es höchste Zeit ist, Weihnachtskarten zu verschicken.«

»O ja, an Tante Eilidh und an Mark und Linda«, fiel ihr Kirsty ins Wort.

»Und an Onkel Henry und Thomas«, fügte Ryan hinzu.

»Am besten machen wir uns heute abend schon daran, ein paar schöne Karten zu basteln«, fuhr die Großmutter fort. »Selbstgemachte Karten sind doch viel schöner als die gekauften.«

So kam es, daß sie nach dem Essen zusammen in der Stube saßen und sich mit Wachsstiften, Goldfolie und Glitter ausgerüstet über ihre Karten beugten, die sie vorher aus festem Papier ausgeschnitten hatten. Ryan kam nach einer Weile die Idee, echte Tannennadeln vom Adventskranz zu verwenden, doch die Großmutter erlaubte nur eine Handvoll.

Weihnachtskarten basteln

Hier ein paar Ideen, aber sicher fällt dir noch mehr ein: Am besten nimmst du festes Papier und schneidest Karten oder Klappkarten aus, die in den Briefumschlag passen. Nun kannst du mit Bunt- oder Wachsstiften weihnachtliche Bilder, wie zum Beispiel eine Krippe mit dem Jesuskind und Maria und Joseph daneben, auf eine Seite der Karte malen.

Eine andere Möglichkeit ist, aus Goldfolie Sterne oder das Stroh für den Stall auszuschneiden oder auch andere Motive, wie eine rote Kerze mit goldener Flamme, und diese auf deine Karte zu kleben.

Auch kannst du mit Bleistift ein Winterbild malen, zum Beispiel ein Haus oder einen Wald mit einem Schneemann davor, und mit durchsichtigem Klebstoff bestreichen, um dann Glitter darüberzustreuen. Vielleicht willst du auch wie Ryan einen kleinen Tannenbaum aus echten Nadeln auf deine Karte kleben. Aber paß auf, daß du dafür nicht den ganzen Adventskranz zerpflückst, sonst werden deine Eltern traurig!

14. Dezember

Warum Ryan und Kirsty beinahe aus dem Schulbus geworfen wurden

Das Regenwetter legte sich, und es wurde wieder kalt und klar. Auf den Bergen war der Schnee nicht weggetaut. Im Gegenteil: Während es im Tal geregnet hatte, schneite es dort oben noch weiter. Jetzt glänzten die Bergkuppen im fahlen Licht der Wintersonne, die sich nur mit Mühe über den Horizont schob und wenig später auch schon wieder verschwand.

»Ich kann mir gar nicht vorstellen, daß es in Australien gerade Sommer ist«, sagte Kirsty beim Frühstück.

»Irgendwo muß die Sonne ja scheinen«, entgegnete Ryan und schob sich einen weiteren Löffel voll Haferbrei in den Mund. Kirsty sah eine Weile nachdenklich vor sich hin. Dann fragte sie: »Du meinst also, daß hinter den Cairngormbergen Australien liegt?« Ryan sah auf. »Wie kommst du denn darauf?« Kirsty erklärte es ihm. »Dort drüben verschwindet doch die Sonne immer, wenn sie bei uns genug geschienen hat. Also muß hinter den Bergen Australien liegen.«

Ryan kratzte sich verlegen am Kopf. »Ich weiß nicht«, murmelte er. »Ich glaube, da kommt erst Aviemore, wo die Skilifte sind.«

»Vielleicht liegt Aviemore ja in Australien«, entgegnete Kirsty.

»Nein, ganz bestimmt nicht.« Ryan tauchte seinen Löffel in den Haferbrei. »Dann wäre dort ja jetzt Sommer, und Doughlas und Barry hätten am Wochenende nicht Skilaufen können.«

»Hm.« Kirsty sah wieder nachdenklich vor sich hin, während Ryan schweigend seinen Haferbrei löffelte. Plötzlich rief sie aus: »Ich hab's! Australien liegt auf der anderen Seite, dort, wo die Sonne morgens aufgeht.«

Ryan kratzte den letzten Haferbrei aus seinem Schälchen. Dann meinte er: »Da liegt aber erst Aberdeen, und dahinter kommt das Meer mit den Ölbohrtürmen.« Kirsty seufzte und stand auf. »Ich frage jetzt die Großmutter«, sagte sie und ging zur Tür hinaus. Ryan trug sein Frühstücksgeschirr zum Spülbecken. Er warf einen Blick auf die Wanduhr. »In zehn Minuten kommt der Bus«, murmelte er. »Gerade genug Zeit zum Zähneputzen und um die widerliche Krawatte umzubinden.« Er trat auf den Flur hinaus. Aus dem Wohnzimmer drang Kirstys Stimme und dann die der Großmutter, doch Ryan hatte keine Zeit, ihnen zuzuhören. Erst als sie im Bus saßen, erzählte Kirsty, was die Großmutter ihr erklärt hatte.

»Die Erde ist rund wie ein Ball«, begann sie.

»Weiß ich doch«, entgegnete Ryan, der sich nicht gerne von seiner kleinen Schwester belehren ließ. Doch Kirsty fuhr unbeirrt fort. »Sie ist wie ein Fußball mit schwarzen und weißen Feldern. Die schwarzen Felder sind Wasser, und die weißen sind Land.«

»Wie die Cairngormberge im Winter, wenn sie sich mit Schnee bedecken«, fiel Ryan ihr ins Wort und kicherte dabei.

»Das ist doch nur ein Vergleich«, sagte Kirsty ernst. »Und weißt du was?«

»Ich weiß eine ganze Menge!« brauste Ryan plötzlich auf. »Viel mehr als du. Ich hab' sogar schon einmal einen Globus gesehen.«

»Einen was?« Kirsty sah ihn verwirrt an.

»Einen Globus«, wiederholte Ryan und kostete seine Überlegenheit aus.

»Weißt du etwa nicht, was ein Globus ist?« Kirsty schüttelte den Kopf und sah zur Seite. Sie hatte ihre Entdeckung mit Ryan teilen wollen, und nun hörte er ihr gar nicht zu. Immer mußte er alles besser wissen als sie. Am besten tat sie so, als interessierte sie die ganze Sache nicht mehr. Doch sie konnte ihre Ohren nicht verschließen, und Ryan fuhr mit lauter Stimme fort: »Ein Globus ist rund wie ein Fußball, aber er hat keine schwarzen und weißen Felder, sondern da sind Länder und Meere drauf. An einer Stelle ist Schottland, und an einer anderen ist England.« Während er erzählte, wurde die Erinnerung an den Globus wieder lebendig. »Dann kommt ganz viel Wasser, und dahinter ist Amerika. Und Australien ist ganz weit unten«, purzelte es aus seinem Gedächtnis.

»Ich weiß«, unterbrach ihn Kirsty, wobei sie ihren Kopf wandte. »Das wollte ich dir ja gerade erzählen.«

»Daß Australien ganz weit unten ist?« Ryan sah immer noch auf sie herab. Doch Kirsty ließ sich diesmal nicht beirren. »Australien liegt genau auf der anderen Seite von Schottland«, sagte sie. »Wenn man mit der Stricknadel durch den Fußball sticht an der Stelle, wo Schottland liegt, dann kommt man auf der anderen Seite in Australien heraus.« So hatte es die Großmutter ihr erklärt, und sie hatte noch etwas von »Nordpol« und »Südpol« gesagt, aber das hatte Kirsty nicht verstanden.

»Jetzt weißt du aber immer noch nicht, warum es in Australien Sommer ist, wenn doch die Sonne hinter unseren Bergen untergeht«, trumpfte Ryan ein letztes Mal auf.

»Doch«, entgegnete Kirsty und versuchte angestrengt, sich an die Sache mit den Polen zu erinnern. Schließlich meinte sie: »Es gibt zwei Sonnen, eine in Schottland und eine in Australien.«

»Das ist doch Quatsch!« entgegnete Ryan.

»Ist es nicht!« gab Kirsty zurück. »Die eine Sonne heißt Nordpol und die andere Südpol.« Jetzt lachte Ryan auf. Damit machte er Kirsty so wütend, daß sie ihn in die Seite boxte. Ryan ließ sich das nicht gefallen. Er boxte zurück, und kurz darauf lagen sich die beiden Geschwister auch schon in den Haaren.

»Heh! Hört sofort damit auf!« hallte Mr. MacEwans Stimme durch den Bus. »Sonst laß ich euch auf der Stelle aussteigen!« Ryan und Kirsty nahmen sich zusammen, aber ihr Streit war noch nicht beendet. Wenn sie auch auf dem Rest der Fahrt kein Wort mehr miteinander sprachen, so warfen sie sich doch die übelsten Gedanken zu. Schließlich kamen sie bei der Schule an.

»An deiner Stelle würde ich Mrs. Sinclair fragen, wenn du die Wahrheit über die Sonne wissen willst«, raunte Ryan seiner Schwester zu. Kirsty entgegnete nichts. Sie eilte über den Hof und verschwand im Schulhaus. Mrs. Sinclair wußte sofort, daß etwas nicht stimmte. Kirsty gehörte normalerweise zu den Kindern, die so viel zu erzählen hatten, daß ihr Mund sich nur selten schloß. Doch heute saß sie schweigend auf ihrem Platz und starrte, tief in Gedanken versunken, vor sich hin. Sie begannen mit Rechenaufgaben, und zu Mrs. Sinclairs Erstaunen machte Kirsty bei jeder etwas falsch.

»Was geht wohl heute in deinem Kopf herum?« fragte sie behutsam und sah Kirsty dabei aus freundlichen Augen an. Da konnte diese nicht länger an sich halten und platzte mit der ganzen Geschichte heraus. »Wenn ich nur wüßte, warum in Australien die Sonne scheint! Immer muß Ryan das letzte Wort haben!« sagte sie zum Schluß und wischte sich mit dem Handrücken über die feuchten Augen. Mrs. Sinclair dachte für einen Augenblick nach. Dann meinte sie: »Ich hatte zwar heute etwas anderes mit euch vor, aber wenn ihr alle damit einverstanden seid, dann ändere ich meine Pläne.« Sie kehrte zu ihrem Pult zurück und fragte in die Runde: »Wollt ihr alle wissen, warum in Australien die Sonne scheint, wenn es bei uns dunkel ist?« Die Kinder nickten interessiert mit dem Kopf.

»Also gut«, fuhr die Lehrerin fort, »wenn wir

unsere Aufgaben fertig gerechnet haben, dann erkläre ich es euch.«

Sie mußten allerdings bis nach der Pause warten, denn Mrs. Sinclair wollte den Globus aus dem Lehrerzimmer holen. Dann war es soweit. Zuerst erklärte sie den Kindern, was Kirsty schon von der Großmutter und von Ryan gehört hatte, nämlich daß die Erde rund ist und sich die Länder und Meere auf ihrer Oberfläche verteilen wie die Felder auf einem Fußball. Dann nahm Mrs. Sinclair einen Tennisball zur Hand. »Und das hier ist die Sonne«, sagte sie. »In Wirklichkeit ist sie aber viel größer als die Erde. Sie ist nur so weit weg, daß wir sie bloß als eine kleine runde Scheibe erkennen.« Kirsty durfte nach vorne kommen, um den Tennisball zu halten. Mrs. Sinclair nahm den Globus zur Hand. »Jetzt paßt auf, Kinder«, sagte sie, als ob sie nicht schon die ganze Zeit ihre volle Aufmerksamkeit genoß.

»Wir meinen immer, daß die Sonne über den Himmel wandert, aber in Wirklichkeit ist es die Erde, die sich bewegt. So sagen es jedenfalls die Forscher.« Sie nahm den Globus, der die Erdkugel darstellte, und lief damit um Kirsty und den Tennisball herum. Einige Kinder begannen zu kichern, doch Mrs. Sinclair fuhr unbeirrt in ihrer Erklärung fort. »Lacht nicht«, sagte sie. »Die Erde weiß ganz genau, wie sie sich zu bewegen hat und wie schnell. Und seht ihr: Immer wenn Schottland der Sonne zugewandt ist, dann ist es bei uns hell. Wenn wir von der Sonne abgewandt sind, dann ist es dagegen dunkel.«

»Und dafür ist es in einem anderen Land hell«, wußte Kirsty zu ergänzen. Die Kinder waren von der Vorführung begeistert, auch wenn sich die meisten die Sache noch nicht recht vorstellen konnten. Für sie war es immer noch die Sonne, die am Himmel ihre Bahn zog und im Winter nur für fünf Stunden schien, dafür aber im Sommer kaum unterging. Ein Junge rüttelte an seinem Tisch und sagte: »Das war die Erde. Sie hat sich bewegt.« Die anderen Kinder begannen zu lachen. Nur Kirsty blieb ernst. Sie wollte sich die Sache gut merken, damit Ryan nicht wieder so tun könnte, als wüßte er alles besser. Doch zunächst hatte Mrs. Sinclair noch eine Überraschung für sie bereit. Sie klatschte in die Hände, um für Ruhe zu sorgen, und fragte dann in die Runde: »Was haltet ihr davon, wenn wir uns jeder einen Globus basteln?« Auf die Frage gab es nur eine Antwort, und die kam jetzt aus aller Munde: »Prima! Sofort!«

Mrs. Sinclair hatte bereits in der Pause das Material zusammengesucht. So konnten sie gleich damit loslegen. »Zuerst müssen wir Papiermaché anrühren, und dann teile ich die Luftballons aus . . .«

Kirsty war begeistert. So würde sie Ryan nicht nur *sagen* können, warum in Australien die Sonne schien, wenn es in Schottland dunkel war, nein, sie würde es ihm auch *zeigen* können. Während der Globus Gestalt annahm, wurde ihre Freude immer größer, und zugleich nahm der Ärger ab, der sie am Morgen noch gedrückt hatte.

Schließlich kam ihr sogar die Idee, den Globus

Ryan zu Weihnachten zu schenken. »Oder vielleicht der Großmutter oder –« Sie hielt inne. Dann nickte sie leicht mit dem Kopf. »Am besten stelle ich ihn ins Wohnzimmer, damit wir alle etwas davon haben.« Zufrieden fuhr sie mit der Arbeit fort.

Bastelarbeit: Globus

Material: einen runden Luftballon, eine alte Zeitung, hellblaues Papier und Pauspapier, einen Stock (etwa 50 cm), einen alten Eimer, Kleister, Klebstoff, Buntstifte und einen Atlas

Zuerst hast du das Vergnügen, die Zeitung in lauter kleine Schnipsel zu zerreißen. Diese tust du am besten in einen alten Eimer. Dann kommt der Kleister dazu und wird mit einem Stock zu einer zähflüssigen Pampe verrührt. Nun blase deinen Luftballon auf und knote ihn zu. Als nächstes bestreichst du den Ballon mit deiner Pampe (= Papiermaché), bis er nicht mehr zu sehen ist (etwa 1 cm dicke Schicht). Dann hüllst du ihn mit dem hellblauen Papier ein. Versuche, soweit wie möglich Falten zu vermeiden. Wenn du aber doch welche findest, dann sind es einfach Wellen, denn das blaue Papier ist das Meer auf deiner Erdkugel. Laß sie an einem warmen Platz trocknen (aber nicht zu nahe am Ofen, sonst verbrennt sie!). In der Zwischenzeit kannst du in deinem Atlas die Weltkarte aufschlagen und die einzelnen Erdteile daraus abpausen. Es sieht schön aus, wenn du sie bunt anmalst.

Wenn deine Erdkugel trocken ist (je nach Lage kann es sich um mehrere Stunden handeln), stichst

du mit einer Nadel hinein, um den Ballon zum Platzen zu bringen (ist aber nicht unbedingt nötig). Dann klebst du deine Erdteile darauf, wie es dir der Atlas zeigt. Deine Eltern, Großeltern oder Erzieher können dir sicher dabei helfen.

Und noch eine Idee: Wenn du um den Knoten des Luftballons eine Schnur bindest, kannst du deinen Globus aufhängen. Ansonsten steht er gut in einem alten Marmeladenglas oder einem breiten Joghurtbecher.

Viel Spaß dabei! (Und kleister nicht den ganzen Teppich voll, sonst klebst du für immer daran fest!)

Warum Kirsty auf einem glatten Stein ausrutschte

Kirsty und Ryan saßen in der Stube und lasen. Ryan nahm selten ein Buch zur Hand, wenn es ihm nicht gerade jemand befahl. Doch das Buch über die Planeten, die um die Sonne kreisten, hatte es ihm angetan. Die Großmutter hatte es für ihn auf dem Dachboden ausgegraben, nachdem Kirsty mit dem Globus heimgekommen war. Er stand in einem Glas im Wohnzimmerregal. Ryan und Kirsty mußten immer wieder hingehen und ihn betrachten. Kirsty hatte ihnen auch vorgemacht, wie sich die Erde um die Sonne dreht, wobei Ryan seinen Gummiball in die Höhe hielt. Der Vater war besonders angetan von dem Globus. »So was hab' ich schon lange in unserem Haus vermißt«, sagte er und klopfte Kirsty anerkennend auf die Schulter. Doch Ryan wollte noch mehr wissen. Nicht nur die Sonne, sondern auch der Mond zog seine Bahn am Himmel. Und dann gab es da noch die vielen Sterne, wenn sie sich nicht gerade hinter Wolken versteckten. Ob sie sich auch wie die Erde bewegten, oder ob sie am Gewölbe festgewachsen waren? Er blätterte in dem Buch, um eine Antwort zu finden. Da wurde plötzlich die Tür geöffnet, und die Mutter steckte ihren Kopf herein. Sie trug ihre alte Stallkappe auf dem Kopf, von der ein paar Strohhalme herabhingen. »Wollt ihr etwas Besonderes sehen?« fragte sie die Kinder mit einem geheimnisvollen Ton in der Stimme. Ryan und Kirsty sprangen sofort auf. Und ob sie das wollten!

»Was ist es denn?« fragte Kirsty aufgeregt.

»Kommt mit in den Stall«, entgegnete die Mutter und ging ihnen voraus. Die Kinder schlüpften schnell in ihre Stiefel und Jacken. Draußen umfing sie die frostklare Luft. Sie rannten über den Hof zu dem langgestreckten Gebäude, in dem die Melkmaschine surrte. Die Kühe malmten zufrieden das Heu, während ihnen die Milch abgepumpt wurde.

»Wo ist es denn jetzt?« rief Ryan ungeduldig und sah sich in dem dämmrigen Gang um.

»Schscht!« machte die Mutter. »Erschreckt ihn nicht, sonst läuft er davon.«

»Wer denn?« fragte Ryan etwas leiser. Da schlich die Mutter auch schon auf einen Heuhaufen zu, der in der Ecke neben den großen Milchkannen lag. Die Kinder folgten ihr. Sie bemühten sich, so leise wie möglich aufzutreten, um das Etwas – was immer es war – nicht zu erschrecken. Bei dem Haufen angekommen, begann die Mutter, vorsichtig das Heu auseinanderzuschieben. Da entdeckte Kirsty eine dunkle Kugel. Sie bewegte sich nicht, auch nicht, als die Kinder sich darüberbeugten.

»Ein Igel«, flüsterte Ryan.

»Ja, ein Igel«, hauchte Kirsty und streckte ihre Hand danach aus. Ihre Fingerspitzen berührten die dunklen Stacheln, aber nur für einen kurzen Augenblick. »Autsch!« zischte sie und preßte schnell ihre Lippen zusammen, um nicht noch mehr Geräusche von sich zu geben.

»Will der hier überwintern?« fragte Ryan leise. Die Mutter nickte mit dem Kopf. »Aber das geht nicht«, entgegnete sie. »Das Heu müssen wir ja an die Tiere verfüttern, und dann hat er nichts mehr, um sich zuzudecken.« Bevor Ryan etwas erwidern konnte, fügte sie hinzu: »Außerdem können wir nicht immer auf Zehenspitzen durch den Stall laufen. Er braucht ein ruhiges Plätzchen.«

»Aber wo?« wollte Kirsty wissen. Für einen Augenblick sahen sie nachdenklich auf die runde Stachelkugel, die zu ihren Füßen im Heu lag.

»Ich weiß!« meinte Ryan auf einmal. »Er braucht einen Laubhaufen im Garten, am besten hinter der Kompostkiste, wo ihn niemand stört.« Kirsty war sofort mit seinem Vorschlag einverstanden, und die Mutter stimmte ihm ebenfalls zu. So schlichen die Kinder noch einmal davon. In der Stalltür blieb Ryan stehen und überlegte. »Wo kriegen wir denn bloß das Laub her?« murmelte er.

»Auf der Wiese unter den Obstbäumen liegt doch noch genug«, entgegnete Kirsty.

»Hm«, machte Ryan. »Aber da ist es jetzt dunkel.«

Kirsty sah in die Nacht hinaus. »Ganz dunkel ist es nicht«, meinte sie. »Ich sehe den Mond, und aus dem Küchenfenster kommt auch etwas Licht.« Ryan war noch nicht überzeugt. »Können wir eine von den Stallaternen mitnehmen?« fragte er die Mutter.

»Die bläst euch der Wind bloß aus«, entgegnete diese.

»Aber es weht doch heute abend gar kein Wind«, gab Ryan zurück.

»Also gut, du kannst es ja versuchen.« Die Mutter nahm eine der Petroleumlampen vom Haken und reichte sie ihm. »Laß sie dir von der Großmutter anzünden. Ich habe keine Streichhölzer hier«, sagte sie dabei. »Aber seid vorsichtig!« rief sie den Kindern nach, als sie auf dem Hof verschwanden. Die Großmutter wollte natürlich gleich wissen, was Ryan und Kirsty im Garten vorhatten. »Wir bauen einen Laubhaufen für den Igel, den Mami im Stall gefunden hat«, sprudelte Kirsty heraus.

»Damit er ein warmes, ruhiges Winterquartier hat«, fügte Ryan hinzu. Die Großmutter schmunzelte. »So, so, da hat sich also ein Igel in den Stall geschlichen. Wo der wohl die letzte Woche unter dem Schnee verbracht hat?« Sie zündete die Lampe an und setzte den Glasdeckel wieder darauf.

»Vielleicht war er schon länger im Stall, und Mami hat ihn bloß nicht gesehen«, mutmaßte Kirsty.

»Ich glaube eher, daß er sich irgendwo draußen ein Nest gebaut hatte, das bei der Schneeschmelze überschwemmt wurde«, meinte die Großmutter. Ryan nickte ernst. »Ja, so wird es wohl gewesen sein. Aber jetzt bauen wir ihm ein neues Nest. Komm, Kirsty!« Er griff nach der Lampe und drehte sich auch schon um.

»Seht zu, daß ihr die Laterne an einen Ast im Baum hängt«, riet ihnen die Großmutter. »Da spendet sie am meisten Licht und kann am wenigsten Unheil anrichten.« Nicht, daß sie in dem nassen Garten etwas hätten in Brand stecken können. Aber Vorsicht ist besser als Nachsicht.

Ryan und Kirsty liefen zuerst zum Schuppen, um den Laubrechen und die Harke zu holen. »Am besten nehmen wir den Schubkarren auch gleich mit, um die Blätter damit hinter die Kompostkiste zu fahren«, schlug Ryan vor. Kirsty trug die Laterne und den Rechen, während Ryan die Harke auf dem Schubkarren vor sich herschob. So kamen sie kurz darauf im Obstgarten an. Kirsty versuchte, die Lampe an einen Ast zu hängen, aber ihre Arme waren nicht lang genug.

»Ich mache es schon«, sagte Ryan und nahm ihr die Laterne aus der Hand. Kirsty ärgerte sich, daß er immer alles besser konnte. So griff sie schnell nach dem Rechen, denn damit ließ sich das Laub besser aufkratzen als mit der Harke. Sie arbeiteten schweigend vor sich hin, bis der Schubkarren gefüllt war. Ryan packte an den Griffen an, doch dann ließ er sie noch einmal los und ging auf den Baum zu, an dem die Laterne hing. Er nahm sie ab und reichte sie Kirsty. »Hier, du mußt mir den Weg leuchten, damit ich nicht stolpere«, sagte er dabei. Kirsty nahm ihre Aufgabe ernst. Sie lief mit der Laterne vor ihm her und drehte sich dabei immer wieder zu Ryan um. »Kannst du genug sehen?« fragte sie. »Hier geht es gleich um die Ecke.«

Der Schubkarren folgte ihr dicht auf den Fersen. Wieder warf Kirsty einen Blick hinter sich und hielt dabei die Laterne in die Höhe. Da rutschte sie plötzlich auf einem glatten Stein aus. Sie fuchtelte mit den Armen, um das Gleichgewicht zu halten, doch es war zu spät. Die Laterne fiel in hohem Bogen ins Gras, wo sie sogleich verlöschte. Kirsty dagegen fand sich auf den Knien wieder.

»Ist dir was passiert?« fragte Ryan erschrocken. Er ließ den Schubkarren stehen und eilte ihr zu Hilfe. Kirsty schluckte tapfer ihre Tränen hinunter. »Es ist alles in Ordnung«, sagte sie. »Nur mein Fuß tut ein bißchen weh.« Ryan half ihr wieder auf die Beine. »Du hättest dich nicht so oft umdrehen sollen«, warf er seiner Schwester vor.

»Ich wollte doch nur, daß du genug siehst«, gab Kirsty zurück. Ryan drehte sich um und ging auf die Laterne zu.

»Ist das Glas kaputt?« fragte Kirsty besorgt.

»Nein, ich glaube, sie ist ganz heil geblieben«, entgegnete Ryan. »Ich hoffe, Großmutter zündet sie uns noch einmal an.« Er lief mit der Laterne zum Haus zurück, während Kirsty beim Schubkarren auf ihn wartete. Wenig später kehrte er mit dem Licht zurück.

»Hast du ihr gesagt, daß ich hingefallen bin?« wollte Kirsty wissen. Ryan reichte ihr die Laterne. »Nein, ich hab' bloß gesagt, daß dir die Lampe aus der Hand gerutscht ist.« Schweigend setzten sie ihren Weg fort, aber von nun an drehte sich Kirsty nicht mehr um, sondern achtete auf ihre eigenen Füße.

Nachdem sie vier Schubkarren voll Laub hinter die Kompostkiste gefahren hatten, sah der Haufen groß genug aus. »Jetzt brauchen wir nur noch den Igel herzubringen«, meinte Kirsty. Zuerst brachten sie aber ihre Gartengeräte in den Schuppen zurück.

Die Mutter war inzwischen mit Melken fertig und füllte die Milch in große Kannen um, die sie am Morgen an die Straße stellen würde, denn der Milchwagen war zu breit, um auf den Hof zu fahren.

»Habt ihr dem Igel ein schönes Winterquartier bereitet?« fragte sie die Kinder. Ryan und Kirsty nickten einmütig. »Wir sind gekommen, um ihn abzuholen«, sagte Kirsty.

»Habt ihr euch schon überlegt, wie ihr ihn tragen wollt?« Die Mutter sah von einem zum andern.

»Ich könnte meine Lederhandschuhe anziehen. Da dringen seine Stacheln bestimmt nicht durch«, meinte Ryan.

»Aber er zerkratzt sie dir«, entgegnete die Mutter. Dann kam ihr eine Idee. »Wie wär's, wenn ihr ihn mit einer Handvoll Stroh auf die Kehrschaufel schiebt und darauf in den Garten tragt?« Ryan und Kirsty nahmen ihren Vorschlag gerne an. Die Mutter begleitete sie sogar zum Laubhaufen, um zu sehen, ob er auch groß genug war.

»Das Laub sackt noch in sich zusammen«, erklärte sie den Kindern, als sie den Igel in sein neues Quartier gesetzt hatten. »Vielleicht könntet ihr morgen früh noch ein paar Karren voll obendrauf packen. Es ist ja Samstag; da habt ihr keine Schule.«

»Au ja!« entgegnete Ryan sogleich. »Da kann Gordon uns helfen.«

»Und Paula«, fügte Kirsty hinzu. Dann wünschten sie dem Igel eine gute Nacht und gingen ins Haus, wo die Großmutter das Abendessen fertig hatte.

Suchbild:

Findest du den Igel in seinem Winterquartier?

Male die Felder mit entsprechenden Farben (am besten mit Buntstiften) aus.

1. gelb   2. hellgrün   3. dunkelgrün
4. hellbraun   5. dunkelbraun
6. weinrot

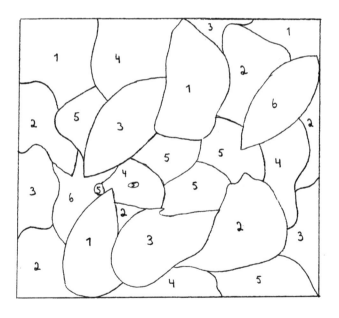

Siehst du ihn jetzt?

16. Dezember

Warum Ryan bereit war, seinen Vater zu teilen

Wieder zeigte sich der Himmel in einem tiefen Blau, und die Luft roch nach Schnee, als Ryan und Kirsty nach dem Frühstück in den Garten liefen. Sie wollten sogleich nach ihrem Igel sehen, aber die Mutter warnte sie, ihn nicht zu stören. »Er braucht seine Ruhe, um Winterschlaf zu halten«, sagte sie. »Wenn ihr ihn weckt, dann läuft er womöglich davon und sucht sich ein anderes Quartier.«

»Wir wollen ja nur sehen, ob der Haufen schon zusammengesackt ist«, gab Ryan zurück und verschwand um die Hausecke.

»Gestern abend sah er viel größer aus«, meinte Kirsty, als sie wenig später neben der Kompostkiste standen.

»Im Dunkeln wirkt immer alles größer«, wußte Ryan zu erklären. Dann sagte er: »Ich gehe jetzt zu Gordon und frage, ob er uns hilft.«

»Warte, ich komme mit«, entgegnete Kirsty. »Vielleicht hat Paula auch Lust, uns beim Laubrechen zu helfen.« Und auf Ryans wenig begeisterten Blick fügte sie hinzu: »Schließlich ist sie jetzt schon fünf.«

Kurz darauf standen sie auch schon an dem Forsthaus. Ryan klopfte an, und Paula öffnete die Tür. Aus dem Badezimmer drang das Geschrei ihrer jüngsten Schwester, die anscheinend gerade gewickelt wurde.

»Wir haben gestern einen Igel gefunden«, berichtete Kirsty. »Er hatte sich im Stall unter dem Heu verkrochen, aber wir haben ihm draußen ein Winterquartier gebaut, wo ihn niemand stört.« Paula sah sie mit großen Augen an.

»Darf ich den Igel sehen?« sagte sie und griff auch schon nach ihrer Jacke.

»Lieber nicht. Er braucht seine Ruhe«, entgegnete Ryan. »Aber du kannst uns dabei helfen, den Laubhaufen noch größer zu machen. Er ist nämlich schon etwas zusammengesackt.« Paula verstand nicht gleich, wovon er sprach. »Was für ein Laubhaufen?« wollte sie wissen.

»Na, wo der Igel drunter wohnt, sein Winterquartier«, beeilte sich Kirsty zu erklären. »Wir wollten fragen, ob du und Gordon uns helfen könnt, noch mehr Laub dafür zusammenzurechen.«

Ryan wurde langsam ungeduldig. Er warf einen Blick in den Hausflur, wo gerade Mrs. MacPhearson mit dem Baby erschien. »Hallo Ryan und Kirsty!« grüßte sie die beiden Kinder.

»Ist Gordon nicht zu Hause?« wollte Ryan wissen. Mrs. MacPhearson schüttelte den Kopf. »Er ist schon früh mit seinem Vater mitgefahren. Sie wollten eine Brücke reparieren, die bei den Überschwemmungen Schaden gelitten hat.«

Ryan sah enttäuscht zu Boden. Er hatte fest mit Gordons Hilfe gerechnet, und nun blieben ihm nur die beiden Mädchen. Dann hob er noch einmal den Kopf. »Wann kommen sie denn wieder?«

Mrs. MacPhearson hatte sich bereits zum Gehen gewandt. Auf seine Frage hin drehte sie sich um und meinte: »Heute mittag, nehme ich an, falls sie bis dahin mit der Brücke fertig sind.«

»Gut, dann komme ich heute mittag noch mal vorbei, oder Gordon kann zu uns rüberkommen.« Ryan stapfte davon, ohne auf Kirsty und Paula zu warten.

Der Laubhaufen war bald groß genug, während sich unter den Obstbäumen nur noch vereinzelte Blätter fanden. »So, jetzt hat der Igel ein schönes Nest«, sagte Kirsty zufrieden. Ryan sah weniger glücklich drein. Er war in Gedanken bei Gordon und ärgerte sich, daß dieser ihn einfach im Stich gelassen hatte. »Er hätte mich ja fragen können, ob ich mitkommen will«, dachte Ryan. »Aber vielleicht wollte er lieber mit seinem Vater allein sein.« Der Gedanke an Mr. MacPhearson erinnerte Ryan an seinen eigenen Vater, und er sagte wehmütig: »Papi hat schon lange nichts mehr mit uns unternommen. Immer muß er bloß arbeiten. Wir sind ihm wohl gar nicht wichtig.« Er folgte den Mädchen ins Haus, aber an ihrem Puppenspiel mochte er sich nicht beteiligen. Statt dessen griff er noch einmal nach dem Buch mit den Planeten.

Endlich war es Zeit fürs Mittagessen. Paula ging nach Hause, und Ryan bat sie, Gordon sofort herüberzuschicken, wenn er mit seinem Vater zurückkam. Doch er wartete vergeblich. Schließlich ging er selbst noch einmal zum Forsthaus, aber er sah schon von weitem, daß der grüne Jeep nicht auf seinem Platz stand. »Wahrscheinlich brauchen sie den ganzen Tag, um die dumme Brücke zu reparieren«, murmelte er und trat wütend nach einem Stein. Mißmutig ging er wieder heim. In der Küche fand er Kirsty wieder einmal damit beschäftigt, einen Plätzchenteig anzurühren.

»Was wird es denn diesmal?« fragte er, ohne besonderes Interesse zu zeigen.

»Ein Pfefferkuchenmann«, antwortete Kirsty. Sie ließ von der Backschüssel ab, um in einem Napf das Ei zu schlagen. Ryan saß unschlüssig am Küchentisch und sah ihr gedankenverloren zu.

»Ist das Ei gut so?« fragte Kirsty nach einer Weile die Großmutter. Sie hielt den Napf in die Höhe, und die Großmutter nickte zustimmend. »Dann vermische ich es jetzt mit dem Teig.« Kirsty goß das schaumige Ei in die Backschüssel und begann zu kneten. Ryan konnte nicht lange untätig herumstehen, und da er nichts Besseres zu tun wußte, fragte er: »Kann ich auch einen Pfefferkuchenmann backen?«

Kirsty überlegte einen Augenblick. Sie wußte genau, daß sie genug Teig für ein ganzes Dutzend Pfefferkuchenmänner hatte, aber sie wollte es auskosten, daß Ryan einmal *sie* um einen Gefallen bat. »Also gut«, sagte sie schließlich, »du kannst auch einen machen.« Sie gab ihm etwas von dem Teig ab, und Ryan begann ebenfalls zu kneten. Dann streuten sie etwas Mehl auf den Tisch, um den Teig darauf auszurollen.

»Ich mache einen ganz großen Mann«, verkündete Ryan, der allmählich Spaß an der Sache bekam.

»Und ich mache eine Frau«, entgegnete Kirsty, »eine Großmutter.« Sie sah kurz von ihrem Teig auf, aber die Großmutter schien sie nicht gehört zu haben. Sie wischte mit einem Lappen die Besteckschubladen aus und war dabei tief in Gedanken versunken. Vielleicht dichtete sie gerade ein neues Lied. Kirsty wandte sich wieder ihrem Teig zu. »Und dann mache ich noch eine Mami und einen Papi – eine ganze Familie«, fuhr sie fort.

»Den Papi mache ich schon«, fiel Ryan ihr ins Wort. »Einen ganz großen.«

Kirsty sah zu ihm hinüber. »Du hast ja gar nicht soviel Teig.«

»Dann kannst du mir ja noch etwas abgeben«, entgegnete Ryan. Kirsty warf einen Blick auf ihren dicken Klumpen, der sich nur schwer ausrollen ließ. »Also gut«, meinte sie und gab Ryan noch eine Handvoll davon ab.

Ryans Pfefferkuchenmann wurde so groß, daß er nicht auf das Backblech paßte. Er mußte die Arme und Beine ein wenig verkürzen. »Wir sollten einen größeren Ofen haben«, sagte er dabei.

»Du hättest den Teig nicht so dünn ausrollen dürfen«, entgegnete die Großmutter, die inzwischen mit Saubermachen fertig war. »Er zerbricht dir womöglich.« Ryan wollte davon nichts wissen. Er sah auf Kirstys Pfefferkuchenfamilie, die sie vorsichtig auf die anderen Backbleche verteilte. Selbst ihre »Mami« und ihre »Großmutter« gingen

144

seinem Pfefferkuchenmann kaum bis an die Schulter. Zufrieden schob er sein Backblech in den Ofen.

Draußen setzte bereits die Dämmerung ein. Da hörten sie das Klappern eines Fahrrades. »Papi ist zurück!« rief Ryan aus und stürmte zur Haustür. Der Vater setzte gerade seinen Rucksack mit den Werkzeugen ab. Obwohl er müde aussah, hatte er doch ein Lächeln für Ryan übrig. »Na, was hast du denn heute so getrieben?« fragte er, während er sein Fahrrad unter das Vordach schob.

»Ach, nichts Besonderes«, antwortete Ryan. »Gordon ist den ganzen Tag mit seinem Vater weg, um eine Brücke zu reparieren. Ich wünschte, sie hätten mich mitgenommen.«

»Du langweilst dich wohl ohne ihn«, meinte der Vater. Er kam jetzt auf die Haustür zu und trat sich die Schuhe ab. Da platzte Ryan auf einmal heraus: »*Du* unternimmst nie was mit mir. Immer fährst du nur alleine weg.« Der Vater zog sich jetzt die Jacke aus. Er antwortete nicht sofort auf Ryans Vorwurf. Sicher wollte er seine Worte gut wählen. Erst als er seine schweren Stiefel abgestreift hatte, sagte er: »Auf dem Fahrrad kann ich dich nicht mitnehmen, und bei der Arbeit wärst du nur im Weg.« Ryan sah traurig zur Seite. Da fuhr der Vater fort: »Wenn du etwas älter bist und dein eigenes Rad hast und mir zur Hand gehen kannst, dann darfst du mich gerne am Samstag begleiten.« Ryan war mit der Antwort nicht zufrieden. »Das sagst du immer«, entgegnete er gereizt. »Aber wahrscheinlich bin ich nie alt genug.«

»In ein paar Jahren . . .« gab der Vater zurück.

Dann legte er Ryan seinen Arm um die Schulter und sagte aus einem plötzlichen Entschluß heraus: »Weißt du was? Warum machen wir beide nicht einen Spaziergang, bevor es ganz dunkel ist?« Ryan sah auf. »Nur du und ich?« fragte er hoffnungsvoll. Der Vater nickte. »Wir können zum Linn of Dee gehen, wo das Wasser durch die enge Schlucht stürzt.«

»Au ja!« stimmte Ryan begeistert zu. So zogen sie beide ihre Stiefel und Jacken an und machten sich auf den Weg.

Ryan war glücklich. Er sah immer wieder zu seinem Vater auf, der ihm von den Rehen und Hirschen, von den Bergen und von seiner Arbeit erzählte. »Wenn ich groß bin, werde ich auch ein Handwerker wie du«, sagte Ryan voller Überzeugung. »Du kannst mir ja alles beibringen.«

»Und was ist mit den Kühen und Schafen?« wollte der Vater wissen. »Ich bin sicher, du könntest Mami schon hier und da zur Hand gehen.«

Ryan nickte ernst. »Ich helfe ihr manchmal beim Füttern oder mit den Milchkannen«, sagte er, nicht ohne Stolz. Das Rauschen des Wassers drang inzwischen immer lauter an ihre Ohren. Jetzt machte die Straße einen Bogen, und kurz darauf standen sie auch schon auf der Brücke, die über die Schlucht führte. Ryan kletterte auf die Mauer, um in die Tiefe zu sehen. Die starken Arme seines Vaters hielten ihn fest, damit er nicht hinunterfallen würde. Das Getöse des herabstürzenden Wassers verschluckte alle Geräusche, aber auch ohne Worte wußten Vater und Sohn, daß sie das gleiche empfanden. Die Dunkelheit breitete sich jetzt über das Land. Ryan begann zu frieren. Es war Zeit, sich auf den Heimweg zu machen.

Als sie die Haustür öffneten, stieg ihnen der würzige Geruch nach frischgebackenen Pfefferkuchen in die Nase. »Oh, mein Pfefferkuchenmann!« rief Ryan plötzlich aus. »Ich hatte ihn ganz vergessen!« Er rannte in die Küche und befürchtete schon, nur noch verkohlte Reste von seinem Backwerk vorzufinden. Statt dessen lachte ihn vom Tisch aus die ganze Pfefferkuchenfamilie an. In der Mitte lag sein großer Papi, von dem allerdings der Kopf und die Beine abgebrochen waren.

»Der Teig war zu dünn«, erklärte die Großmutter. »Kirsty hat ihn für dich aus dem Ofen geholt.« Ryan sah kurz zu seiner Schwester hinüber. »Danke, Kirsty«, sagte er und fügte mit einem Blick auf den Pfefferkuchenmann hinzu: »Macht ja nichts, daß er zerbrochen ist. Dafür können wir uns den Papi jetzt teilen.«

Backrezept: Pfefferkuchenmann

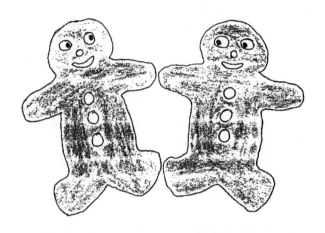

Zutaten: 500 g Mehl, eine Prise Salz, 2 Teelöffel geriebenen Ingwer, einen Teelöffel Pfefferkuchengewürz, 2 Teelöffel Bicarbonat-Soda, 125 g Butter, 60 g braunen Zucker, 60 g Puderzucker, 90 g schwarzen Sirup, 60 g goldenen Sirup, ein geschlagenes Ei, Mandelstücke für Gesicht und Knöpfe

Backanweisung:
Heize den Ofen auf 180° C vor und bestreiche mehrere Backbleche mit Butter. Siebe die Gewürze, das Mehl, Salz und Soda in eine Schüssel. Vermische sie und forme in der Mitte eine Kuhle.

Butter, Zucker und Sirup kommen in einen Topf, um über schwacher Hitze zu schmelzen. Dann gieße es in die Kuhle. Gib das geschlagene Ei dazu, und vermische alles zu einem Teig. Knete ihn gut durch, und rolle ihn dann auf einer mit Mehl bestreuten Unterlage aus.

Nun schneide deine Pfefferkuchenmänner (und -frauen) aus dem Teig aus, und lege sie auf das Backblech. Drücke die Mandelstücke als Gesicht und Knöpfe in die Figuren. Dann schiebe sie in den Ofen, und backe sie für 20 Minuten. Wenn sie abgekühlt sind, kannst du eine Weile mit ihnen spielen. Aber paß auf, daß sie dabei nicht zerbröckeln! Viel Spaß!

17. Dezember

Warum Kirsty beinahe die Weihnachtsbotschaft verpaßte

Kirsty sah gedankenverloren in die Flammen der Kerzen. Heute waren es schon drei, die auf dem Adventskranz leuchteten. »Der dritte Advent«, dachte sie. »In einer Woche ist schon Heiligabend.« Bei dem Gedanken lief ihr ein Prickeln über den Rücken, das sie aus ihrer Erstarrung weckte. Sie hob den Kopf und begegnete dem Blick ihrer Mutter. »In einer Woche ist Weihnachten«, platzte Kirsty heraus. In ihren Augen glühte die Begeisterung, und ihr Gesicht leuchtete fast so hell wie die Kerzen auf dem Adventskranz.

»Du hast recht«, entgegnete die Mutter. »Wie schnell doch die Zeit vergeht . . .« Dann wurde die Tür geöffnet, und der Vater trat ein. Jetzt fehlte nur noch Ryan; dann war die Familie komplett.

»Willst du nicht raufgehen und ihn holen?« fragte die Großmutter mit einem Blick auf Kirsty.

»Laß mal, ich gehe schon«, entgegnete der Vater und verschwand noch einmal im Treppenhaus.

Ryan lag unter seinem Bett und suchte nach dem Paar Socken, das ihm aus der Hand gerollt war. »Zu dumm! Ich kann es nicht finden«, murmelte er und streckte seinen Arm so weit aus, bis ihm die Schulter schmerzte. »Es muß doch hier irgendwo sein . . .«

»Ryan?« drang die Stimme des Vaters zu ihm herauf. Ryan antwortete nicht. »Ich muß erst diese dummen Socken finden«, pochte es in seinem Kopf. »Warum muß die Großmutter sie auch immer so zusammenrollen!« Seine Hand tastete weiter den harten Boden ab, während der Vater noch einmal seinen Namen rief. »Ryan, bist du dort oben? Wir wollen Advent feiern. Die Kerzen sind schon angezündet.« Da gab Ryan seine Suche auf und kroch unter dem Bett hervor. »Ich komme!« rief er und schlüpfte barfuß in seine Hausschuhe. »Ich versuche es nachher mit einem Besenstiel«, dachte er dabei. Dann sauste er auch schon die Treppe hinunter.

Wieder griff der Vater nach der großen Familienbibel und las einen Abschnitt aus dem Lukasevangelium vor. Ryan und Kirsty hörten aufmerksam zu und stellten sich dabei vor, wie Maria und Joseph loszogen und sich auf den weiten Weg nach Bethlehem machten. Inzwischen hatte Maria schon einen runden Bauch bekommen, denn das Baby, das darin wuchs, sollte bald geboren werden. Normalerweise wäre sie in diesem Zustand nicht mehr gereist. Es blieb ihr aber nichts anderes übrig, denn der Kaiser hatte befohlen, daß jeder im Land zu seiner Geburtsstadt gehen und sich dort in eine Liste eintragen sollte. Eine Volkszählung nannte sich das, und weil Maria und Joseph beide aus Bethlehem stammten, mußten sie dorthin gehen.

»Maria war sicher ganz erschöpft, als sie endlich ankamen«, dachte Kirsty mitfühlend. »Es muß doch schwer sein, wenn man noch dazu ein

Baby im Bauch trägt.« Sie erinnerte sich daran, als Mrs. MacPhearson ihr viertes Kind erwartete. Da mußte sie sich immer gleich hinsetzen, wenn sie vom Forsthaus zu ihnen herüberkam, und Auto fahren durfte sie am Ende auch nicht mehr. »Aber als Maria und Joseph lebten, gab es sowieso noch keine Autos«, fiel es Kirsty ein, und in diesem Augenblick bemerkte sie, daß der Vater fertiggelesen hatte. Zu dumm, daß sie den Schluß nicht mehr mitbekommen hatte! Waren Maria und Joseph gut angekommen? War das Baby schon unterwegs geboren worden, oder wartete es, bis sie wieder zu Hause waren? Am liebsten hätte sie den Vater gefragt, aber dann hätte sie zugeben müssen, daß sie in ihren Gedanken weit weg gewesen war. Nein, sie wollte lieber warten, bis sie in der Kirche waren. Dort las ihnen Conny die Sache sicher noch einmal vor oder erzählte sie mit den Flanellfiguren.

Ryan wollte sich schon auf die Pfefferkuchenmänner stürzen, als die Großmutter einen Bogen Papier zur Hand nahm. Kirsty konnte Notenlinien darauf erkennen und wußte sofort, daß es sich um ein Lied handelte.

»Ein Lied von Maria und Joseph auf dem Weg nach Bethlehem«, verkündete die Großmutter in feierlichem Ton und begann zu singen.

»Wir ziehen auf der dunklen Straße
hinaus in die weite Stadt.
Wir müssen immer weiterlaufen,
weil der Kaiser es befohlen hat.

Die Beine sind schon ganz müde,
die Füße woll'n auch nicht mehr,
und im Bauch da strampelt das Baby
und wird der Maria so schwer.

Ach, wär'n wir doch nur zu Hause,
ach, wär'n wir doch nur am Ziel!
Oh, diese lange Reise,
die wird uns bald zuviel.

Da endlich erscheinen die Lichter,
die Stadt ist jetzt nicht mehr weit.
Was Gott wohl an Überraschung
für uns alle dort hält bereit?«

Als die Stimme der Großmutter verebbte, war es für einen Augenblick ganz still. Kirsty wartete auf eine weitere Strophe. Sie wollte so gerne wissen, was für eine Überraschung Maria und Joseph in Bethlehem erlebt hatten. Aber die Großmutter sang nicht weiter. Das Lied war zu Ende. Kirsty seufzte und brach damit die Stille.

»Du tust ja gerade so, als wärst du selbst die Maria!« fuhr Ryan sie an und setzte dabei ein hämisches Grinsen auf. Kirsty warf ihm einen wütenden Blick zu. »Und wenn du der Joseph wärst, dann würdest du mir wahrscheinlich noch nicht einmal helfen!« gab sie zurück.

»Dann hätte ich dir einen Esel besorgt, um darauf zu reiten«, sagte Ryan in ritterlichem Ton. »Und ich hätte uns ganz viel Pfefferkuchen mitgenommen für unterwegs«, fügte er hinzu, wobei seine Augen zu der Keksdose wanderten.

»Das ist sehr freundlich von dir«, meinte der Vater. »Mit vollem Mund kann man aber nicht singen. Deshalb sollten wir erst Großmutters Lied lernen, bevor wir uns über die Pfefferkuchenmänner hermachen.«

Diesmal war es Ryan, der seufzte. Er hatte kein Frühstück gehabt, weil er sich nicht aus dem Bett bequemen wollte. Jetzt knurrte ihm der Magen, und beim Anblick der Pfefferkuchen lief ihm das Wasser im Munde zusammen. »Mit Wasser im Mund kann man auch nicht singen«, wollte er sagen, aber da las die Großmutter auch schon die erste Liedstrophe vor.

Draußen wollte es heute gar nicht richtig hell werden. Dunkle Wolken zogen über den Himmel und verschluckten die Berge. Mr. MacPhearson mußte die Scheinwerfer einschalten, als sie nach Braemar zur Kirche fuhren.

In der Kinderstunde erfuhr Kirsty dann endlich, wie es mit Maria und Joseph weitergegangen war. Sie hatten in Bethlehem doch tatsächlich kein Zimmer finden können! Da waren so viele Leute wegen der Volkszählung gekommen, daß alle Hotelbetten und Pensionen belegt waren. Dabei strampelte das Baby immer mehr und wurde der Maria immer schwerer. Schließlich fanden sie einen Stall, wo sie sich ins Stroh legen konnten. In diesem Stall wurde Jesus geboren. Maria wickelte ihn in Tücher und legte ihn in die Futterkrippe, denn etwas Besseres fand sie nicht.

»So ist das also gewesen«, dachte Kirsty und sah für eine Weile schweigend aus dem Fenster. Erst die Klänge von Stevens Gitarre weckten sie aus ihren Gedanken. Sie sangen mehrere Lieder, aber nicht das von der Großmutter. Hinterher spielten sie noch einmal das Spiel von Maria auf dem Weg zu Elisabeth, das sie am vergangenen Sonntag gebastelt hatten. »Heute müßte es ›Maria auf dem Weg nach Bethlehem‹ heißen«, sagte Jamie, als er mit Würfeln an die Reihe kam. Da stieß ihn jemand in die Seite und deutete auf das Fenster. »Guck mal, es schneit wieder«, flüsterte der Junge.

»Und wie das schneit!« rief Jamie aus. Er sprang auf, wobei ihm der Würfel aus der Hand fiel und über das Spielfeld rollte. Auf einmal hasteten alle Kinder ans Fenster.

»Das sind aber dicke Flocken!« staunte Kirsty.

»Wenn das so weitergeht, sind wir bald eingeschneit«, meinte Malcolm besorgt.

»So schnell geht das nun auch wieder nicht«, entgegnete Conny. »Laßt uns erst mal weiterspielen.« Es dauerte eine Weile, bis sich auch das letzte Kind vom Fenster gelöst hatte. Ihr warmer Atem legte sich wie ein dünner Film auf die Scheiben, so daß sie nicht mehr sehen konnten, was draußen vor sich ging.

»Oh je!« stieß Mr. MacPhearson aus, als er nach dem Gottesdienst ins Freie trat. »Wie gut, daß unser Jeep einen Allradantrieb hat. Aber ob Mrs.

Forbes mit ihrem Wagen da noch durchkommt?« Der Schnee fiel in dicken Flocken, so daß man kaum seine Hand vor den Augen sehen konnte. Schon hatte der weiße Flaum alle Farben verschluckt, und es dauerte nicht lange, da würde man die Straße nicht mehr vom Feld unterscheiden können. »Mein Auto hat schon schlimmeres Wetter mitgemacht«, hörte Kirsty Mrs. Forbes sagen.

»Am besten fahren wir mit dem Jeep voraus, und du bleibst dicht hinter uns«, schlug Gordons Mutter vor, die Mühe hatte, das Baby vor dem kalten Wind zu schützen. Ryan und Gordon kletterten bereits auf die Rückbank und Kirsty beeilte sich, ihnen zu folgen. »Huh, ist das kalt hier drin!« sagte sie, wobei ihre Knie schlotterten.

Endlich waren sie zur Abfahrt bereit. Mr. MacPhearson ließ den Motor an und schaltete die Scheibenwischer ein. Dann rollte der Jeep langsam zur Straße hinunter. Dort warteten sie auf Mrs. Forbes, die wie üblich die Mutter und Großmutter mitgenommen hatte. Kirsty wischte mit dem Handrücken über die Scheibe, um hinaussehen zu können. Bei dem Schneetreiben konnte sie jedoch kaum etwas erkennen.

»Da kommen sie«, sagte Ryan schließlich, der das blaue Auto entdeckt hatte. Mr. MacPhearson fuhr wieder an, und langsam ging es aus dem Ort hinaus. Die Fahrt dauerte mindestens doppelt so lange wie sonst. Ryan und Gordon klebten an der Heckscheibe, um zu sehen, ob Mrs. Forbes ihnen auch weiterhin folgte. Wenn sie die Scheinwerfer ihres Autos nicht mehr erspähen konnten, mußte

Mr. MacPhearson noch langsamer fahren, bis sie sie wieder eingeholt hatte.

»Wie gut, daß wir jetzt nicht laufen müssen«, sagte Kirsty nach einer Weile. Unwillkürlich wanderten ihre Gedanken noch einmal zu Maria und Joseph auf dem Weg nach Bethlehem. »Ich hoffe, daß sie besseres Wetter hatten«, dachte sie. »Und dann nur einen Stall zum Übernachten . . .« Sie schüttelte langsam den Kopf. »Wenn *ich* in Bethlehem gewohnt hätte, dann hätte Maria in meinem Bett schlafen können, und das Baby hätte ich in meine Puppenwiege gelegt.« Draußen glitten ein paar dunkle Bäume vorbei. Da zog sich Kirstys Stirn auf einmal in Falten. »Daß Gott aber auch nicht daran gedacht hat . . .« murmelte sie.

»Woran gedacht?« wollte Paula wissen, die sie heimlich beobachtet hatte.

Kirsty sah erschrocken auf. Dann erklärte sie: »Na, daran, daß Maria ein Bett und Jesus eine Wiege brauchte.« Paula überlegte einen Augenblick. »Vielleicht wollte Gott ja, daß Jesus in einem Stall geboren wird«, sagte sie schlicht.

Da hielt der Jeep auch schon an, und Kirstys Vater öffnete die Tür.

»Sind wir schon da?« fragte Ryan erstaunt.

»Ja, macht nur, daß ihr schnell ins Haus kommt«, entgegnete der Vater, und die Kinder ließen sich das nicht zweimal sagen.

Wir ziehen auf der dunklen Straße hinaus in die weite Stadt. Wir müssen immer weiter laufen, weil der Kaiser es befohlen hat.

Viel Freude beim Lernen des Liedes! Mit Flöte, Geige, Gitarre usw. klingt es noch schöner. Strophen 2 bis 4 findet ihr in der Geschichte.

158

18. Dezember

Warum Kirsty ihre Mutter im Schornstein vermutete

Kirsty rieb sich den Schlaf aus den Augen und gähnte. Sie fühlte sich kaum ausgeruht, denn der Wind hatte sie in der Nacht immer wieder geweckt. Außerdem war ihr kalt. Trotz Wollsocken und Bettjacke lief ihr ein Prickeln über die Haut, und sie kroch tiefer unter die Decke. »Wenn das die ganze Nacht so weitergeschneit hat wie gestern, dann können wir heute bestimmt nicht zur Schule gehen«, dachte sie. In Gedanken malte sie sich die Landschaft aus, die von den weißen Flocken ein ganz neues Gesicht bekommen hatte. »Vielleicht sind wir sogar eingeschneit«, überlegte sie. »Vielleicht hat der Wind so viel Schnee vor die Haustür und vor die Fenster geweht, daß wir sie nicht mehr aufbekommen.« Die Vorstellung, im Haus eingesperrt zu sein, verstärkte das Prickeln auf ihrer Haut. Wäre es im Zimmer nicht so kalt gewesen, dann hätte Kirsty sogleich ihre Decke zurückgeschlagen, um ans Fenster zu treten. Aber mit ihren schlotternden Knien blieb sie doch lieber im Bett liegen. Dabei wanderten ihre Gedanken noch einmal zu der Haustür, vor der sie eine hohe Schneewehe vermutete. Der Vater würde sicher einen Besen holen, um den Schnee damit wegzuschieben. Vielleicht versuchte er es auch mit der Kehrschaufel oder mit den bloßen Händen. Schließlich war er ein starker Mann. Währenddessen wunderten sich die Kühe sicher, warum niemand zum Melken kam. Da hatte die Mutter eine Idee. Sie ging ins Wohnzimmer und nahm das Schutzgitter vom Kamin. Der Schornstein war nicht besonders breit, aber die Mutter schaffte es trotzdem, sich hindurchzuzwängen. Schließlich kam sie oben auf dem Dach heraus. Ihr Gesicht und die Stallkleidung waren ganz schwarz vom Ruß, und sie begann, sich mit Schnee zu waschen. Dann rutschte sie vom Dach hinunter und bahnte sich einen Weg zum Stall. Doch, o weh – auch dort waren die Türen vom Schnee blockiert! Die Mutter stand davor und nahm ihre Stallkappe vom Kopf, während von drinnen das Gebrüll der Kühe zu ihr herausdrang. In diesem Augenblick gab es ein lautes Rumpeln, und Kirsty saß kerzengerade in ihrem Bett. Auf ihrem Schreibtisch wackelte der Becher mit den Buntstiften. Das ganze Haus schien zu erzittern, als wollte es die Schneelast von sich abschütteln.

Kirsty starrte immer noch mit offenem Mund vor sich hin, als Ryan ins Zimmer gestürzt kam. »Hast du das gehört?« fragte er und lief sofort ans Fenster. Doch die Scheibe war beschlagen und gab keinen Blick nach draußen frei. Selbst als Ryan mit seinem Ärmel über das Glas fuhr, konnte er nichts als eine milchigweiße Masse erkennen.

»Wir sind eingeschneit, und das Haus stürzt zusammen!« rief Kirsty plötzlich aus.

»Ach was, das war doch nur eine Dachlawine«,

gab Ryan zurück. »Da hat sich Schnee gelöst und ist vom Dach heruntergepoltert.«

»Und Mami? Steckt sie noch im Schornstein?«

Für einen Augenblick sah Ryan verwirrt zu seiner Schwester hinüber. Dann meinte er: »Du hast wohl geträumt.« Kirsty beruhigte sich langsam wieder. Ja, sie hatte nur geträumt. Sie mußte über ihren Gedanken noch einmal eingeschlafen sein. Aber da sie jetzt schon einmal aufrecht saß, konnte sie auch ganz aus dem Bett steigen. Sie zog sich sofort ihre warme Kleidung über und folgte Ryan die Treppe hinunter. Zu ihrem Erstaunen begegneten sie an der Haustür dem Vater. »Bist du noch nicht zur Arbeit gegangen?« fragte Kirsty ein wenig verwirrt. Selbst bei schlechtem Wetter machte sich der Vater sonst immer früh auf den Weg. Schließlich gab es an den Häusern in Braemar immer irgend etwas zu reparieren, und er mußte damit das Geld verdienen, das sie zum Einkaufen brauchten.

»Oder ist es vielleicht noch ganz früh?« meinte Ryan, wobei er versuchte, einen Blick aus der Haustür zu werfen.

»Nein, es ist schon spät genug«, entgegnete der Vater mit einem Seufzer. »Aber bei dem Wetter sollte sich keiner aus dem Haus wagen, wenn es nicht unbedingt sein muß.« Er knöpfte seine Stalljacke zu und wandte sich zum Gehen.

»So schlimm ist der Wind doch gar nicht mehr«, warf Ryan ihm zu.

»Er kann aber jeden Augenblick wieder loslegen.« Der Vater trat ins Freie und schloß die Tür hinter sich.

»Ist Mami schon im Stall?« wollte Kirsty wissen, doch sie erhielt keine Antwort mehr. Die Bilder aus dem Traum verfolgten sie immer noch. So ging sie in die Küche, wo die Großmutter wie gewöhnlich das Frühstück zubereitete. »Da seid ihr ja endlich«, begrüßte sie die Kinder. »Daß ihr bei dem Wind so lange habt schlafen können?«

»Ich habe die halbe Nacht wachgelegen«, sagte Kirsty und bestätigte den Satz mit einem herzhaften Gähnen.

»Bei dem Wetter kommt der Schulbus doch sowieso nicht«, fügte Ryan hinzu.

»Nein, sonst hätten wir euch längst geweckt.« Die Großmutter rührte in dem Topf mit der Hafersuppe und gab eine Prise Salz dazu. Ryan und Kirsty setzten sich an den Tisch. Da stellte Kirsty noch einmal ihre Frage: »Ist Mami schon im Stall?«

»Ja sicher, warum fragst du?« Die Großmutter drehte sich zu ihr um.

»Ach, nur so«, entgegnete Kirsty und sah zur Seite. Da antwortete Ryan an ihrer Stelle: »Sie dachte, daß Mami durch den Schornstein klettern mußte, weil der Schnee die Haustür blockiert.« Er kicherte. »Natürlich hat sie das nur geträumt.«

»Hör doch auf!« fiel Kirsty ihm ins Wort. »Du träumst ja auch manchmal komische Sachen.«

»Aber ich glaube hinterher nicht, daß sie wahr sind.« Ryan rückte zur Seite, um Kirstys drohender Faust auszuweichen.

»So falsch liegt deine Schwester gar nicht«, meldete sich die Großmutter jetzt vom Herd. »Sie mußten wirklich erst Schnee schippen, um zum

Stall zu gelangen. Es kommt gerade recht, daß euer Vater heute nicht nach Braemar gefahren ist.« Während sie kurz darauf ihre Hafersuppe löffelten, erzählte die Großmutter, was sie am Morgen im Radio gehört hatte. »Die Straße nach Glenshee ist wegen des vielen Schnees gesperrt, und nach Ballater kommt man nur mit Allradantrieb durch. Den Leuten wird geraten, zu Hause zu bleiben, wenn sie nicht etwas ganz Dringendes zu erledigen haben.« Ryan sah auf.

»Dann ist die Schule also heute für alle geschlossen?« fragte er zwischen zwei Bissen. Die Großmutter nickte. »Und dabei ist es hier unten im Tal noch nicht so schlimm wie oben in den Bergen.« Sie sah mit ernster Miene vor sich hin, und Kirsty suchte nach Worten, um das Schweigen zu brechen. »Da oben möchte ich jetzt nicht sein«, sagte sie schließlich. »Die armen Rehe! Ob sie auf den Bergen erfrieren müssen?«

»Die haben doch ein dickes Winterfell«, meinte Ryan.

»Aber sie finden unter dem Schnee nicht viel Futter«, setzte die Großmutter hinzu. »Deshalb kommen sie scharenweise ins Tal hinunter und springen über die Zäune auf die Schaf- und Rinderweiden. Da stehen sie dann und nehmen ihnen das Heu weg, und manche sind vom Hunger so geschwächt, daß sie sogar bei den Leuten an die Haustür klopfen.« Bei diesen Worten mußten Ryan und Kirsty auf einmal lachen.

»Poch, poch, poch«, machte Kirsty und klopfte dabei mit dem Finger auf den Tisch.

»Die riechen wohl die Haferflocken und das Brot und die anderen Vorräte«, meinte Ryan. Er kratzte den Rest von der Hafersuppe auf und ging zum Herd, um sich die Schale noch einmal zu füllen.

»Es mag für euch lustig klingen, aber für die Tiere ist es schrecklich, solchen Hunger zu leiden«, mischte sich die Großmutter noch einmal ein. »Und dann sind da noch die vier Wanderer aus Aberdeen, die seit gestern abend vermißt werden. Die haben wohl auch nicht gut lachen da draußen in den Bergen.« Ryan stellte seine Schale mit Hafersuppe auf den Tisch und setzte sich wieder. »Also, bei dem Wetter wäre ich gar nicht erst losgegangen«, meinte er. Kirsty stimmte ihm zu. »Da sieht man doch sowieso nichts vom Gipfel, und außerdem ist es so kalt.« Sie schüttelte sich bei dem Gedanken an den eisigen Wind, der die Schneeflocken vor sich hertrieb.

»Sie sind ja schon am Samstag früh losgezogen, als das Wetter noch klar war«, wußte die Großmutter zu berichten. »Sie wollten in der Schutzhütte im Lairig-Ghru-Tal übernachten und am Sonntag zurücklaufen. Aber sie sind nicht zu Hause angekommen.«

Ryan ließ den Löffel sinken, den er eben zum Mund führen wollte. »Vielleicht sind sie ja immer noch in der Hütte und warten, bis das Wetter besser wird.«

»Oder sie sind eingeschneit und können nicht mehr raus«, setzte Kirsty hinzu.

»Auf jeden Fall wird die Bergwacht nach ihnen suchen, sobald das Schneetreiben aufhört«, meinte die Großmutter. Dann lenkte sie das Gespräch auf ein anderes Thema. Ryan hatte es schon geahnt.

»Da ihr heute nicht zur Schule gehen könnt, werde ich euch wieder ein paar Aufgaben stellen. Mir ist schon etwas Besonders für euch eingefallen.«

Kirsty sah interessiert auf, während Ryan seinen Kopf tiefer über die Schale mit Hafersuppe beugte, als wollte er sich darin verstecken.

Wenig später saßen sie an dem Tisch in der Stube und rechneten die Aufgaben, die die Großmutter ihnen gestellt hatte. Danach gab es etwas zu schreiben, und endlich rückte die Großmutter mit dem Besonderen heraus.

»Es sind nur noch sechs Tage bis Heiligabend«, sagte sie in feierlichem Ton. »Ich dachte, da wird es Zeit, ein paar Weihnachtsgeschenke zu basteln.« Sie machte den Kindern verschiedene Vorschläge, und Kirsty hätte am liebsten alles auf einmal gebastelt. Ryan dagegen schien zu gar nichts Lust zu haben. Da kam ihm auf einmal eine eigene Idee. »Ich weiß!« rief er aus. »Ich bastel für Mami ein Lesezeichen, damit sie nicht immer Eselsohren in die Bücher knicken muß. Da regt sich Papi doch so drüber auf.«

Kirsty grinste ihn an. »Dann mußt du Papi aber auch eins basteln«, meinte sie. »Der steckt immer nur so alte Zeitungsschnipsel zwischen die Seiten.«

Ryan suchte sogleich die Sachen zusammen, die er für seine Lesezeichen brauchte, während

Kirsty ein Stück Stoff aussuchte, aus dem sie der Mutter eine Tasche nähen wollte. »Und Papi nähe ich ein Etui für seine Lesebrille«, überlegte sie dabei. »Oder soll ich ihm lieber einen Brustbeutel machen? – Ach, ich fange erst mal mit der Tasche an.«

Während sie im Wohnzimmer mit ihren Geschenken beschäftigt waren, brauste draußen wieder der Sturm los. Er trieb noch mehr Schneeflocken vor sich her und heulte in verschiedenen Tönen durch den Kamin.

»Ich hoffe, die Wanderer sind in der Hütte geblieben«, sagte Kirsty nach einer Weile gedankenverloren.

»Das hoffe ich auch«, entgegnete Ryan, ohne von seiner Arbeit aufzusehen.

Basteln
von Weihnachtsgeschenken

Sicher hast du selbst eine Menge Ideen, was für deine Eltern, Großeltern, Geschwister und Freunde schön wäre. Hier nur zwei Vorschläge, was Ryan und Kirsty gebastelt haben.

1. Lesezeichen:
Schneide einen Streifen festes Papier aus (etwa 15 bis 20 cm lang und 5 cm breit). Diesen Streifen kannst du in ganz verschiedener Weise verzieren, zum Beispiel mit einem bunten Stoff bekleben und an einer schmalen Seite Fransen annähen oder mit Mustern bemalen, einen Vers darauf schreiben oder aus Buntpapier ausgeschnittene Figuren draufkleben. Wenn du dir ganz viel Mühe machen willst, kannst du auch ein Bild oder Muster mit Bleistift aufzeichnen und dann mit einem bunten Faden daran entlangnähen. Das gibt so etwas wie eine Kartenstickerei.

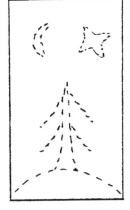

2. Brustbeutel:

Hierfür brauchst du ein Stück Stoff, etwa 12 cm breit und 30 cm lang. Miß von der langen Seite 13 cm ab, und schlage diese um. So hast du oben einen Rand von 4 cm. Jetzt nähe die Seiten zusammen.

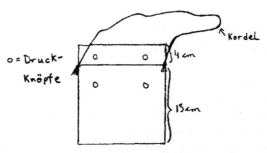

Nun brauchst du zwei Druckknöpfe, am besten solche, die man in den Stoff einpressen kann. Befestige sie so, daß du deinen Beutel damit schließen kannst.

Dann nimm 3 bis 6 Wollfäden (je nachdem, wie dick deine Wolle ist), und drehe sie zu einer Kordel. Die Länge der Kordel hängt davon ab, für wen der Brustbeutel ist (Erwachsener oder Kind). Versehe die Enden mit einem festen Knoten, und nähe sie an dem Brustbeutel fest (siehe Bild). Wenn du willst, kannst du den Beutel noch mit Stickereien verzieren oder mit kleinen Stoffbildern bekleben. Gute Einfälle und viel Spaß!

Warum Ryan beinahe im Schnee erfroren wäre

Das Schneetreiben wollte überhaupt kein Ende nehmen. Ryan fragte sich schon, woher nur die vielen grauen Wolken kamen, die ihre Last über dem Land ausschütteten. Auch der Wind schien seine Kraft nicht zu verlieren, als ob er schon lange darauf gewartet hätte, sich austoben zu dürfen. Ryan wurde die ganze Nacht hindurch von wilden Träumen verfolgt, woran das Brausen des Sturmes sicherlich mit schuld war. Gegen Morgen ließ das Unwetter endlich nach. Ryan sank noch einmal in einen Halbschlaf. Nach einer Weile drang ein Geräusch an seine Ohren, das er schon lange nicht mehr gehört hatte. Zuerst mischte es sich mit seinen Träumen und schien von dem hungrigen Wolf zu kommen, der ihn verfolgte. Das Knurren wurde lauter. Dann entfernte es sich wieder. Ryan drehte sich zur Seite. Da war es wieder! Diesmal riß es ihn ganz aus dem Schlaf. Im ersten Augenblick wußte er gar nicht, wo er sich befand. Doch es dauerte nur wenige Sekunden, bis er sein Zimmer wiedererkannte. Auf der Straße hörte er jetzt deutlich Motorengeräusche. Er sprang aus dem Bett und eilte zum Fenster, doch die beschlagene Scheibe gab keinen Blick nach draußen frei. Das Fahrzeug – was auch immer es war – hielt jetzt an. Da konnte

Ryan seine Neugierde nicht mehr zügeln. Er öffnete vorsichtig die Zimmertür. Von unten drangen gedämpfte Stimmen zu ihm herauf. »Ja, sicher komme ich mit«, hörte er seinen Vater sagen. »Ich hole gleich meine Schneeschuhe. Mit Skiern kommt man da draußen sicher nicht weit.« Ryans Herz schlug wild gegen seine Brust. Er ging in die Hocke und spähte die Treppe hinunter. In der offenen Haustür sah er zwei Männer stehen. Der eine von ihnen war Sergeant Scott von der Polizeistation in Braemar. Den anderen konnte Ryan nicht genau erkennen, weil ihm die Fellmütze tief ins Gesicht hing.

»Ihr hofft also, daß wir sie in der Hütte finden«, sagte der Vater, als er mit den Schneeschuhen zurückkam.

»Wenn sie draußen auf dem Berg von dem Sturm erwischt wurden, dann kommt unsere Hilfe zu spät«, entgegnete Sergeant Scott.

»Ja, unter der dicken Schneeschicht würden selbst die Hunde sie nicht finden«, setzte der andere Mann hinzu. Ryan wagte kaum zu atmen, so sehr hielt ihn die Szene in ihrem Bann. Jetzt nahm der Vater seine gefütterte Jacke vom Haken. Da spürte Ryan auf einmal den Drang, sein Versteck zu verlassen und sich den Männern anzuschließen. Er wußte genau, daß sie ihn nicht mitnehmen würden. Er konnte mit ihren langen Beinen niemals Schritt halten. Doch er wollte wenigstens am Rande mit dabeisein. Vielleicht ließen sie ihn ja im Polizeijeep warten. Er konnte mit ihnen in Funkkontakt bleiben, wenn sie ihm erklärten, wie das

Gerät zu bedienen war. So stand er auf und huschte wie ein Schatten die Treppe hinunter.

»Papi, darf ich mitkommen?« platzte er heraus, bevor einer der Männer etwas sagen konnte. Der Vater knöpfte gerade den Kragen seiner Jacke zu. »Nein, das geht nicht, Ryan«, entgegnete er mit fester Stimme. »Was wir vorhaben, ist kein Spaziergang, sondern eine Rettungsaktion.«

»Ich weiß«, fiel Ryan ihm ins Wort. »Aber ich könnte im Jeep warten und das Funkgerät bedienen.« Das Gesicht des Polizisten verzog sich zu einem Grinsen, doch der Vater sagte streng: »Es wäre mir lieber, wenn du in deinem Bett wartest. Falls du etwas Nützliches tun willst, dann kannst du für uns beten – und für die vermißten Wanderer, die irgendwo dort draußen eingeschneit sind.« Damit drehte er sich zu den beiden Männern um und meinte: »Kommt, laßt uns keine Zeit verlieren!« Ryan sah ihnen nach, wie sie auf dem Hof verschwanden. Dann fiel die Haustür vor seiner Nase ins Schloß. Gesenkten Hauptes stapfte er die Treppe hinauf. Er war so in Gedanken versunken, daß er Kirsty erst bemerkte, als er beinahe mit ihr zusammenstieß.

»Ich habe euch gehört«, flüsterte Kirsty. »Sie suchen jetzt nach den Wanderern in der Hütte.«

Ryan ging in sein Zimmer und nahm ein Paar Socken von dem Schemel. Seine Füße waren kalt, und die Antwort des Vaters befriedigte ihn keineswegs.

»Ich hätte ihnen helfen können«, sagte er zu Kirsty, die ihm gefolgt war. »Jetzt müssen sie extra einen Mann im Jeep zurücklassen, um das Funkgerät zu bedienen. Das hätte ich auch machen können.«

»Da waren mindestens zwei Jeeps«, wußte Kirsty zu berichten. »Sie haben sicher genug Leute.«

Ryan sah enttäuscht zu Boden. »Wenn sie genug Leute haben, warum mußten sie dann Papi abholen?« fragte er ärgerlich.

»Weil er doch auch zur Bergwacht gehört«, entgegnete Kirsty. »Und er kennt sich in den Bergen gut aus. Stell dir vor, die Hütte ist so tief verschneit, daß man sie nicht mehr sehen kann!«

Ryan wollte sich nichts vorstellen. An seinem Herzen nagte noch immer die Enttäuschung, und er fühlte sich gekränkt, daß ihn die Männer bei der Rettungsaktion nicht gebrauchen konnten. »Als ob ich ein Kleinkind wäre!« dachte er, und plötzlich kam ihm eine Idee. Er wollte sie schon mit Kirsty teilen, behielt sie dann aber doch für sich.

»Wollen wir für die Leute beten?« fragte Kirsty jetzt. »Papi hat doch gesagt, wenn wir etwas Nützliches tun wollen, dann . . .«

»Ja, ja«, fiel Ryan ihr ins Wort. Er wollte zwar am liebsten sofort seinen Plan ausführen, aber dazu mußte Kirsty erst einmal wieder in ihrem Bett verschwinden. »Laß uns also beten«, sagte er und faltete seine Hände. Sie baten Gott, auf die Wanderer in der Hütte aufzupassen und ebenso auf die Leute von der Bergwacht. »Und bitte mach, daß sie die Wanderer finden und daß sie noch nicht erfroren sind«, betete Kirsty. Zum Schluß sagten sie beide »Amen« und sahen wieder auf.

»Jetzt gehen wir am besten wieder ins Bett und schlafen noch ein bißchen«, schlug Ryan vor. Kirsty tappte sofort in ihr Zimmer zurück und schlüpfte unter die warme Decke. Nach wenigen Minuten war sie auch schon eingeschlafen. So hörte sie nicht, daß unten noch einmal die Haustür ins Schloß fiel und Ryan auf leisen Sohlen über den Hof schlich.

So viel Schnee hatte er schon lange nicht mehr gesehen. Hätten die Räder des Polizeijeeps nicht zwei tiefe Rillen hinterlassen, dann wäre Ryan sicherlich nach wenigen Schritten wieder umgekehrt. Doch in der Reifenspur kam er gut voran. Obwohl sich am Himmel weder Mond noch Sterne blicken ließen, war es doch nicht ganz dunkel. Von dem Schnee selbst schien Licht auszugehen, als hätten die kleinen Flocken etwas von der Sonne mitgebracht, die sich hinter den schweren Wolken versteckt hielt. Ryan fühlte sich wie in einem Märchenland. Die Angst, die seine Schritte anfänglich noch zaghaft gemacht hatte, fiel bald von ihm ab, und er marschierte zügig voran. Schon tauchte zu seiner Rechten die kleine Jugendherberge auf, die nur in den Sommermonaten geöffnet war. Dann führte die Straße durch ein Waldstück, bis sie zur Brücke abbog, die die Schlucht überquerte. Hier hielt Ryan für einen Augenblick inne. Er beugte sich über die Steinmauer und sah in die Tiefe, wo das Wasser über die Felsen schoß. »Wao!« kam es aus seiner Kehle. Doch zu lange wollte er sich lieber nicht aufhalten. Schließlich hatte er noch einen weiten Weg vor sich.

Die Fahrspur folgte für eine Weile dem Rauschen des Flusses. Das Geräusch wirkte irgendwie beruhigend, und bald stimmte Ryan eine leise Melodie dazu an. Dann tauchte er wieder in den Wald ein. Die Bäume standen dicht, und Ryan wußte, daß er die Straße verlassen hatte und sich auf einem breiten Wanderweg befand. Er wußte sogar, wo der Weg hinführte, denn im Sommer hatten sie manchmal Ausflüge gemacht und waren dabei auch hierhergekommen.

»Der Weg endet an einem verfallenen Haus – Derry Lodge, wenn ich mich recht erinnere«, ging es ihm durch den Kopf. »Da ist auch ein Bergwachtposten mit einem Telefon, und gleich dahinter ragt der steile Hang von Carn Crom auf.« Seine Gedanken wanderten zu den Ausflügen zurück, die ihn hierhergeführt hatten. Wie anders doch alles im Sommer ausgesehen hatte! Als er aus dem Wald trat, regte sich wieder ein leichter Wind. Jetzt kam er zu einer Stelle, wo die Männer ausgestiegen sein mußten, um eine Schneewehe aus dem Weg zu schaufeln. Ryan untersuchte die Fußspuren, aber er konnte nicht sagen, welche Abdrücke von seinem Vater stammten.

Langsam breitete sich die Morgendämmerung über das Land. Da geschah es plötzlich. Ryan wußte selber nicht, warum er ausgerutscht war. Auf jeden Fall fiel er der Länge nach in den Schnee. Als er seinen ersten Schrecken überwunden hatte, rappelte er sich wieder auf. Doch was war das? Als er seinen rechten Fuß aufsetzen wollte, durchzuckte ihn ein stechender Schmerz. »O nein! Ich muß mir den Fuß verknackst haben!« schoß es ihm durch den Kopf. »Was mache ich jetzt bloß?« Er versuchte noch einmal, sich aufzurichten, aber es war hoffnungslos. Mit dem verstauchten Fuß würde er nicht weit kommen. Da kroch auf einmal eine lähmende Angst in ihm hoch und ließ ihn noch mehr zittern als die kalte Luft um ihn her. »Wenn mir nicht schnell jemand zu Hilfe kommt, dann werde ich erfrieren.« Er hielt für einen Augenblick die Luft an, so schrecklich war ihm der Gedanke. Dann brach es plötzlich heiser aus ihm heraus: »Hilfe! Hilfe! Ich brauche Hilfe!« Und unter Tränen fügte er hinzu: »Bitte, lieber Gott, hilf mir doch! Ich will nicht erfrieren!«

Es war Kirsty, die Ryans Verschwinden zuerst bemerkte, und sie konnte sich sogleich denken, wohin seine Füße ihn getragen hatten.

»Du meinst wirklich, daß er den Männern gefolgt ist?« fragte die Mutter ungläubig, als Kirsty zu ihr in den Stall trat. »Aber draußen ist es doch noch dunkel!« Für einen Augenblick schwiegen sie beide. Dann sagte die Mutter besorgt: »Wenn ihm nun unterwegs etwas zustößt . . .« Sie brauchte nicht lange zu überlegen. Bei diesem Wetter war niemand draußen sicher, schon gar nicht ein achtjähriger Junge. Sie lehnte die Heugabel an die Wand und trat zur Tür hinaus.

»Wo gehst du hin?« rief Kirsty ihr nach.

»Ich bitte Mr. MacPhearson, daß er mich im Jeep hinausfährt. Wir müssen Ryan unbedingt finden, bevor ihm etwas zustößt.«

Als Ryan das Motorengeräusch hörte, sah er zuerst noch einmal den hungrigen Wolf aus seinem Traum vor sich. Doch dann tauchten die Scheinwerfer zwischen den Bäumen auf, und es gab keinen Zweifel mehr. »Gott sei Dank, sie kommen mir zu Hilfe.«

Die Mutter brach in Tränen aus, als sie Ryan im Schnee sitzen sah. »Junge, was dir alles hätte passieren können! Noch eine halbe Stunde an diesem Fleck und du wärst erfroren!« Sie hob ihn auf und trug ihn zum Jeep. Mr. MacPhearson suchte nach einer Stelle zum Wenden, doch er fand keine. So mußten sie rückwärts zur Straße zurückfahren.

Ryan zitterte immer noch, als sie zu Hause ankamen. Die Mutter legte ihn auf das Sofa im Wohnzimmer, und die Großmutter brachte ihm gleich eine Tasse mit heißem Tee. »Gott sei Dank«, war alles, was Ryan sagen konnte. »Gott sei Dank . . .«

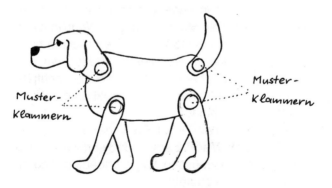

Muster-
klammern

Muster-
klammern

Basteln eines Suchhundes

Hierfür brauchst du wieder ein Stück festes Papier, Stoff- oder Fellreste, vier Musterklammern sowie Klebstoff und Schere.

Zuerst zeichne mit einem Bleistift folgende Teile deines Hundes auf: Kopf, Körper, Schwanz und vier Beine. Schneide jedes Teil extra aus. Dann beklebe die Teile mit Fell oder Stoff. Vergiß nicht die Augen und Ohren und die Schnauze des Hundes. Schwarzer Filz eignet sich dafür am besten, du kannst aber auch in einem Bastelgeschäft zwei Plastikaugen für deinen Hund kaufen.

Wenn der Klebstoff trocken ist, kommt das Zusammenheften der Teile. Dazu brauchst du die Musterklammern, damit der Hund beweglich ist (siehe Zeichnung).

Wenn du alles richtig gemacht hast, kann er laufen, mit dem Schwanz wedeln und seinen Kopf heben. Jetzt könnt ihr euch zusammen auf die Suche nach vermißten Wanderern machen. Hoffentlich findet ihr sie!

Warum Kirsty einem Engel ins Gesicht sah

Der Schneepflug hatte endlich die Straße freige-
schippt, und so machte sich auch der Schulbus
wieder auf den Weg nach Inverey. Doch heute
stand Kirsty allein am Straßenrand. Ryan hatte sich
bei seinem Sturz im Schnee nicht nur den Fuß
verstaucht, sondern auch eine dicke Erkältung zu-
gezogen. Er schlief auf dem Sofa im Wohnzimmer,
da es dort wärmer war als in seinem Zimmer. Die
Großmutter sorgte dafür, daß das Feuer im Kamin
auch in der Nacht nicht verlöschte. Außerdem ver-
sorgte sie Ryan ständig mit heißem Tee und mit
Suppe und Zwieback. Kirsty war schon fast eifersüchtig, daß sich alles im Haus nur um Ryan drehte
und von ihr scheinbar niemand mehr Notiz nahm.
Dafür kam sie sich nun um so wichtiger vor, als sie
allein in den Schulbus stieg und Mr. MacEwans sie
fragte: »Wo hast du denn heute deinen Bruder
gelassen?«

»Der hat sich den Fuß verstaucht und wäre
gestern fast im Schnee erfroren«, platzte Kirsty
sogleich heraus. »Jetzt pflegt ihn die Großmutter
wieder gesund.« Während der Fahrt spürte sie die
Blicke der anderen Kinder auf sich ruhen. »Wie ist
das denn passiert?« wollte Colin wissen, der in
dem Haus bei der Schlucht wohnte. Kirsty drehte

sich zu ihm um und malte die Geschichte in allen Einzelheiten aus. »Er wollte ja nur den Leuten von der Bergwacht helfen, so wie mein Vater.« In ihrer Phantasie wurde Ryan zu einem Helden, und ihre Eifersucht schlug schnell in Bewunderung um. Für jedes Kind, das der Bus auf dem Weg nach Braemar einsammelte, mußte Kirsty die Geschichte wiederholen. Dabei wußte sie am Ende nicht mehr, was tatsächlich geschehen war und was sie dazu erfunden hatte. Aber vielleicht war das auch nicht so wichtig.

In der Schule war das Thema Nummer eins die geglückte Rettung der vier vermißten Wanderer. Die Leute von der Bergwacht hatten es schwer genug gehabt, auf dem verschneiten Pfad zu der Hütte zu gelangen. Dort angekommen, bekamen sie erst mal einen gehörigen Schrecken. Das Dach der Hütte war von der Schneelast tief eingedrückt, und die Tür und das kleine Fenster wurden von einer Schneewehe völlig verdeckt. Die Männer brauchten fast eine ganze Stunde, um den Eingang freizuschaufeln. Als Sergeant Scott schließlich mit einem Ruck die Tür öffnete, starrten ihn vier Augenpaare aus bleichen Gesichtern an.

»Ein Engel«, war das erste, was einer der Wanderer herausbrachte. »Gott hat uns gehört und einen Engel geschickt.« Sein Gesicht war dabei so ernst, daß der Polizist es nicht wagte, ihm zu widersprechen.

Die Wanderer lagen wie Mumien in ihre Schlafsäcke verpackt auf der hölzernen Pritsche, die als Lagerstätte diente. Sie trugen ihre Mützen und

Handschuhe und schienen überhaupt alles anzuhaben, was ihre Rucksäcke hergaben. Trotzdem mußte ihnen die Kälte bis in die Knochen gedrungen sein. Auf dem Boden verstreut lagen Splitter der hölzernen Dachbalken, die die Schneelast nicht hatten halten können. Sie ächzten und bogen sich noch ein Stück, und plötzlich wurde Sergeant Scott bewußt, daß sie mit ihrer Rettungsaktion keine Zeit verlieren durften.

»Könnt ihr mich alle hören?« brach seine tiefe Stimme die Stimme. Die Wanderer starrten ihn immer noch unbeweglich an, als käme er von einem anderen Planeten. Da drängte sich Ryans und Kirstys Vater an ihm vorbei und ging geradewegs auf die Holzpritsche zu. Er sah der ersten »Mumie« direkt in die Augen und sagte: »Wir sind gekommen, um euch heimzuholen in ein warmes, trockenes Haus. Steh auf! Wir haben keine Zeit zu verlieren.« Er kniete sich neben den Mann und öffnete den Reißverschluß seines Schlafsacks. Dann nahm er ihn an die Hand und half ihm auf die Beine. Jetzt traten auch zwei andere Männer von der Bergwacht näher. Sie beugten sich ebenfalls vor, um die »Mumien« von ihrer Erstarrung zu erlösen.

»Es war wie in dem Märchen von Dornröschen«, sagte der Vater später zu Ryan und Kirsty. »Sie waren alle wie mit einem bösen Zauber geschlagen und konnten sich alleine nicht davon befreien.«

»Und dann seid ihr gekommen, die guten Prinzen oder die Engel«, hatte Kirsty geantwortet. Der Vater nickte leicht mit dem Kopf. »Für die vier halberfrorenen Wanderer waren wir wie Engel, die

Gott ihnen zu Hilfe geschickt hatte.« Nachdem sie die Schlafsäcke zusammengerollt und zusammen mit den wenigen Habseligkeiten in den Rucksäcken verstaut hatten, machten sich die Leute schleunigst aus dem Staub. »Als wir uns wenig später noch einmal umdrehten, konnten wir gerade sehen, wie das Dach einstürzte«, berichtete der Vater. Die Großmutter konnte es kaum fassen. »Das war Rettung in letzter Sekunde«, flüsterte sie.

»Gott hat unser Gebet gehört«, setzte Kirsty hinzu. »Er hat euch geholfen, die Wanderer zu retten.«

Ja, daß es sich bei der Rettung um ein Wunder handelte, bezweifelte niemand mehr, zumindest keines der Schulkinder von Braemar.

»Es war ein Wunder, daß sie überhaupt noch am Leben waren nach zwei Tagen und Nächten in der kalten Hütte und kaum etwas zu essen«, sagte Colin, als sie im Unterricht über das Ereignis sprachen.

»Und es war ein Wunder, daß sie den Weg bis zur Derry Lodge geschafft haben, wo die beiden Jeeps auf sie warteten«, setzte Fiona hinzu. Da griff Sophie noch einmal den Gedanken von dem Engel auf. »Ich dachte, Engel hätten Flügel und kämen direkt aus dem Himmel«, sagte sie, als Mrs. Sinclair sie aufgerufen hatte. Ross konnte es nicht unterlassen, seine Arme zu schwingen, als wollte er fliegen.

»Laß das, Ross!« ermahnte ihn die Lehrerin. Dann gab sie Sophies Frage an die anderen Kinder weiter. »Was meint ihr: Haben Engel immer Flügel, und kommen sie direkt aus dem Himmel?« Die Kinder nickten einmütig. Einen lebendigen Engel meinte noch keiner von ihnen gesehen zu haben, aber die Engel in den Schaufenstern und auf dem Weihnachtspapier hatten immer Flügel und ein ganz verklärtes Gesicht. Nur Kirsty war sich der Sache nicht so sicher. Tief in ihrem Gedächtnis schlummerte etwas, das der Vater einmal aus der Bibel vorgelesen hatte, aber sie konnte sich nicht mehr an Einzelheiten erinnern. Jedenfalls hob sie jetzt ihre Hand. Als Mrs. Sinclair sie aufrief, sagte Kirsty: »Ich glaube schon, daß mein Vater und die anderen Männer so etwas wie Engel waren. Gott schickte sie den vermißten Wanderern zu Hilfe, so wie er den Engel zu Maria geschickt hat, um ihr zu sagen, daß Jesus in ihrem Bauch wachsen würde.«

»Das war aber ein richtiger Engel«, fiel Ross ihr ins Wort. »Der stand ganz plötzlich in ihrem Zimmer und war dann plötzlich wieder verschwunden.«

»Ross, du mußt dich erst melden, wenn du etwas sagen willst«, sagte Mrs. Sinclair streng, doch Kirsty beachtete ihre Worte nicht. Statt dessen wandte sie sich zu Ross um und entgegnete: »Für die halberfrorenen Wanderer kam die Rettung auch ganz plötzlich, und der eine hat sogar gesagt, daß sie Engel seien.«

»Er war eben schon halb erfroren, da konnte er nicht mehr so gut sehen«, warf Ross ihr zu. Mrs. Sinclair ermahnte die beiden noch einmal, und wenig später beugten sie sich wieder über ihre Rechenaufgaben.

In der großen Pause setzten die Kinder ihr Gespräch über Engel fort. Ross rannte flügelschlagend über den Schulhof und rief dabei: »Hier kommt der Engel! Hier kommt der Engel!«, bis ihn Colin mit einem Fausthieb zum Schweigen brachte. »Hier, du Engel!« sagte er dabei. »Wenn du nicht endlich still bist, klebe ich dich auf ein Stück Geschenkpapier!«

Als Kirsty am Nachmittag nach Hause kam, wollte sie zuerst sehen, wie es Ryan ging. Er sah noch sehr müde aus, und in seinen Augen lag ein fiebriger Glanz. »Tut dein Fuß noch weh?« fragte Kirsty mitfühlend.

»Nein, ich spüre ihn kaum«, entgegnete Ryan. »Aber in meinem Kopf pocht es die ganze Zeit, als ob da ein kleiner Mann mit einem Holzhammer drinsäße.« Er hustete und griff nach einem Taschentuch, um sich die Nase zu putzen. Dann wollte er wissen, was Kirsty in der Schule erlebt hatte.

»Oh, wir haben über die Rettungsaktion gesprochen«, sagte Kirsty. »Meinst du, daß Papi und die anderen Männer Engel waren oder nicht?« Ryan zog seine Stirn in Falten und dachte für einen Augenblick nach. »Frag ihn doch selbst, wenn er nach Hause kommt«, sagte er schließlich.

So kam es, daß der Vater am Abend die Bibel aus dem Regal nahm und Kirsty und Ryan daraus etwas über Engel vorlas. Zuerst wählte er die Verse, die von den Hirten auf dem Feld erzählten, zu denen eine ganze Schar von strahlenden Engeln gekommen war, um ihnen Jesu Geburt bekanntzumachen. »Die Engel leuchteten so hell, daß sich die Hirten vor ihnen fürchteten«, wiederholte Ryan mit heiserer Stimme.

»Ja, und sie kamen direkt aus dem Himmel«, fügte Kirsty hinzu. »Da hatten sie sicher auch Flügel.« Jetzt schlug der Vater die Seiten um und suchte nach einem anderen Vers. Als er ihn gefunden hatte, las er laut: »Bleibt fest in der brüderlichen Liebe, und vergeßt nicht, Fremde gastfreundlich bei euch aufzunehmen. Denn auf diese Weise haben einige, ohne es zu wissen, Engel beherbergt« (Hebr. 13, 1–2).

Kirsty schluckte, und Ryan sah für eine Weile starr vor sich hin. Dann brach der Vater schließlich das Schweigen. »Ich glaube, daß es ganz verschiedene Engel gibt«, sagte er, »solche mit strahlendem Gewand und mit Flügeln und solche, die wie ganz gewöhnliche Menschen aussehen.« Und nach einer Pause fügte er hinzu: »Ein Engel ist einfach jemand, den Gott geschickt hat, um anderen eine Botschaft zu bringen oder ihnen zu helfen.«

»Dann können wir alle mal ein Engel sein«, meinte Ryan nachdenklich. Der Vater nickte. Da hob Kirsty ihren Kopf und sagte mit einem verschmitzten Lächeln: »Ha, dann habe ich jetzt in das Gesicht eines Engels geguckt!« Und auf einmal mußten sie alle lachen.

Basteln eines Engels

Material: Eine Toilettenrolle, weißen Stoff (z. B. ein altes Taschentuch), Watte, Wolle, Goldfolie und, wie immer, Schere und Klebstoff.

Der Stoff sollte etwa 30 cm lang und ebenso breit sein. Breite ihn vor dir aus, und lege in die Mitte den Wattebausch (für den Kopf des Engels). Dann schließe das Tuch um die Watte und binde einen Wollfaden darum. Das restliche Tuch klebst du um die Toilettenrolle herum.

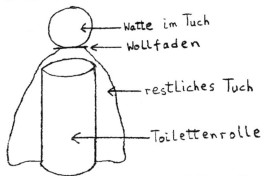

Watte im Tuch
Wollfaden
restliches Tuch
Toilettenrolle

Nun kannst du dem Engel mit Wolle ein Gesicht aufsticken und seinen Kopf mit Wollhaaren schmücken. Wenn dein Engel Flügel bekommen soll, dann schneide diese aus der Goldfolie aus. Ein Erwachsener kann dir beim Aufzeichnen helfen. Dann klebe sie dem Engel auf den Rücken.

Viel Spaß dabei – und vergiß nicht, ab und zu selber ein Engel – ein Bote Gottes – zu sein!

21. Dezember

Warum Ryan bei der Geburt des Kälbchens helfen durfte

Als Kirsty am Morgen in der Küche saß und ihre Hafersuppe löffelte, steckte die Mutter ihren Kopf zur Tür herein. »Könntest du bitte die großen Töpfe mit Wasser füllen und auf den Ofen stellen?« bat sie die Großmutter. »Ich glaube, wir bekommen heute noch ein Kalb.«

Kirsty ließ ihren Löffel sinken. »Ein Kalb?« fragte sie aufgeregt. Die Mutter nickte, wobei ihre Stallkappe ein wenig verrutschte. »Ja, es ist zwar nicht die Zeit für Nachwuchs, aber unsere Morlin scheint sich nicht nach dem Kalender zu richten.« Jetzt verzog die Großmutter ihr Gesicht. »Du meinst also, es wird eine Frühgeburt?« Ihre Stimme klang ein wenig besorgt.

»Ich befürchte, ja«, entgegnete die Mutter. »Aber so genau kann ich das gar nicht sagen. Die Kühe waren ja seit dem Frühling draußen auf der Weide, und Mr. Ogle hat von Anfang an seinen Bullen dazugestellt. Wir müssen eben auf alles gefaßt sein.« Damit drehte sie sich um und ging in den Stall zurück.

Kirsty beeilte sich mit dem Frühstück. Am liebsten wäre sie gleich in den Stall gelaufen, um die Kuh zu sehen, die heute ihr Kalb erwartete. Doch sie wußte bereits, daß solch eine Geburt viele

Stunden dauern konnte. Wahrscheinlich würde das Kalb erst am Nachmittag zur Welt kommen. Als Kirsty ihre Schale geleert hatte, eilte sie zuerst ins Wohnzimmer, um Ryan die Neuigkeit mitzuteilen. Doch zu ihrem Erstaunen schlief er noch. Sein Gesicht sah aus wie eine glühende Herdplatte, und die Haare über seiner Stirn waren feucht. Kirsty wandte sich besorgt ab und ging in die Küche zurück, um es der Großmutter zu sagen. »Ich glaube, Ryan braucht Medizin. Er sieht ganz schrecklich krank aus.«

Die Großmutter war immer noch dabei, die Töpfe mit Wasser zu füllen. »Die beste Medizin für Ryan ist der Schlaf«, entgegnete sie. »Das Fieber hat jetzt seinen Höhepunkt erreicht. Es wäscht sozusagen die Erkältung aus ihm heraus.« Sie drehte sich zu Kirsty um, die in der Tür stehengeblieben war. »Du wirst sehen: Wenn du aus der Schule kommst, geht es ihm schon viel besser. Jetzt mach dich lieber fertig, sonst fährt der Bus ohne dich weg.«

Kirsty wäre heute am liebsten nicht in die Schule gegangen. Obwohl sie sich wie immer auf Mrs. Sinclair und auf die anderen Kinder freute, war ihre Freude überschattet von den Sorgen um Ryan und von der Angst, ein wichtiges Ereignis zu verpassen. »Ich hoffe, das Kalb läßt sich noch etwas Zeit«, dachte sie, während sie an der Straße auf den Schulbus wartete. »Ich würde so gerne dabeisein, wenn es geboren wird.« Kirsty hatte noch nie gesehen, wie ein Kalb auf die Welt kam. Einmal hatte sie ein Schaf bei der Geburt beobachtet, aber das war so schnell gegangen, daß sie gar nicht sagen konnte, wo das winzige Lamm auf einmal herkam. Bei einem Kalb war das sicher ganz anders. Da hörte sie auch schon das Brummen des Busses, und kurz darauf sahen die Scheinwerfer zwischen den Bäumen hervor. »Wie die Augen von einem riesigen Tier«, dachte Kirsty wie so oft. Der Bus hielt, und sie stieg ein.

»Na, muß dein Bruder noch im Bett liegen?« fragte Mr. MacEwans. Kirsty nickte. »Er schläft sich gesund, und Morlin bekommt heute ihr Kalb.« Auf einmal wünschte sie nicht mehr, zu Hause bleiben zu können, sondern freute sich darauf, die Ereignisse mit den anderen Kindern zu teilen.

Mrs. Sinclair bekam die Neuigkeiten auch sogleich zu hören. »Ich hoffe, daß ich dabeisein kann, wenn das Kalb geboren wird«, sprudelte Kirsty heraus. Die Lehrerin nickte ihr zu. »Das ist bestimmt interessant«, sagte sie. »Aber du mußt ganz still sein, damit du das Kalb nicht erschreckst. Es hat ja im Bauch seiner Mutter alles nur ganz leise gehört.« Kirsty sah sie mit ernster Miene an. »Ja, das stimmt«, meinte sie nachdenklich und ging zu ihrem Platz.

In der ersten Stunde hatten sie Rechnen. Kirsty konnte sich kaum auf ihre Aufgaben konzentrieren, doch sie war mit ihrer Unruhe nicht allein. Das bevorstehende Weihnachtsfest und die Ferien schien auch andere Kinder mit Aufregung zu füllen. So waren sie alle froh, als die Bastelstunde an die Reihe kam. Bevor sie aber mit der Bastelarbeit begannen, erzählte ihnen Mrs. Sinclair noch einmal, wie Jesus damals auf die Welt gekommen war. »Stellt euch vor, so ein besonderes Kind – Gottes Sohn –, hätte der nicht eigentlich in einem Palast geboren werden müssen?« fragte sie die Kinder. Niemand gab ihr eine Antwort. So fuhr sie fort: »Vielleicht war ihm der Stall ja lieber als ein prunkvolles Schloß, was meint ihr?« Da meldete sich Ross zu Wort, der seine Gedanken nicht lange für sich behalten konnte. »Die hätten ihm doch gar keinen Platz gemacht in einem Schloß. Die hatten ja noch nicht mal ein Bett in einer Pension für ihn frei.« Und Fiona setzte hinzu: »Wenn Maria eine Prinzessin gewesen wäre, dann hätte Jesus in einem Schloß zur Welt kommen können. Aber sie war ja nur eine normale Frau.«

Sie sprachen noch eine Weile darüber, was Gott sich wohl bei der Geburt seines Sohnes gedacht hatte, als Kirsty plötzlich mit einem Einfall herausrückte. »Aber vielleicht wollte Jesus von Anfang an den armen Menschen nahe sein.«

»Aber die Reichen kamen auch: die Weisen aus dem Morgenland mit ihren Kamelen«, warf Sophie ein.

»Ja, die Reichen konnten in den Stall kommen, aber die Armen hätte doch niemand in einen Palast reingelassen«, bestätigte Ross ihre Worte. So waren sie sich schließlich einig, daß Jesus für alle Menschen in die Welt gekommen war und daß es keinen besseren Ort als den Stall gab, um von allen gefunden zu werden.

Der Gedanke an den Stall erinnerte Kirsty wieder an Morlin, die Kuh. Ob ihr Kalb wohl schon geboren war? Kirsty wäre am liebsten heimgelaufen, um nachzusehen, doch sie mußte sich gedulden. Zunächst teilte Mrs. Sinclair das Bastelmaterial aus. Sie wollten jeder eine kleine Krippe mit dem Jesuskind basteln.

Es war um die Mittagszeit, als Ryan endlich aufwachte und sich verwirrt im Wohnzimmer umsah. In seinem Traum war er eben noch auf Skiern durch den Schnee gerutscht. So wunderte er sich, daß er keinen Schnee um sich sah, sondern in die gelben Flammen des Kaminfeuers blickte. Langsam kehrte die Erinnerung zu ihm zurück. »Ich muß wohl sehr lange geschlafen haben«, dachte er, während er sich im Zimmer umsah. Dann versuchte er, einen Blick aus dem Fenster zu werfen, aber die Scheiben waren beschlagen. Mit einem Seufzer sank er in die Kissen zurück.

Nach einer Weile öffnete die Großmutter leise die Tür, um nach ihm zu sehen. Ryan hob den Kopf.

»Na, hast du dich ordentlich gesundgeschlafen?« begrüßte ihn die Großmutter.

»Ich hab' die ganze Zeit von Schnee geträumt«, gab Ryan mit heiserer Stimme zurück.

»Und dabei hast du geschwitzt wie ein Eisbär in der Wüste Sahara.« Die Großmutter ging zum Kamin, um neue Holzscheite auf das Feuer zu legen.

»Es ist ja auch sehr warm hier drin«, entgegnete Ryan und schlug seine Decke zurück. Er wollte aufstehen, aber die Großmutter erlaubte es noch nicht.

»Erst will ich noch einmal Fieber messen«, sagte sie, während sie das Gitter vor den Kamin schob. Sie kehrte zum Sofa zurück und steckte Ryan das Fieberthermometer unter den Arm. Jetzt mußte er drei Minuten lang ganz still liegen, bevor sie die Temperatur ablesen konnte. »Hm, nicht schlecht. Du hast das Schlimmste überstanden«, murmelte die Großmutter, wobei sie zufrieden mit dem Kopf nickte.

»Kann ich jetzt aufstehen?« wollte Ryan wissen.

»Ja, aber du darfst noch nicht nach draußen gehen«, entgegnete die Großmutter. »Und keine wilden Spiele, hörst du?« Sie sah ihn mit einem scharfen Blick an, dem Ryan nicht standhalten konnte. »Du mußt dich noch ein bißchen ausruhen, sonst kehrt das Fieber zurück.«

Ryan ging erst einmal ins Badezimmer und wusch sich gründlich den Schweiß von der Haut. Dann zog er frische Kleidung an, die die Großmutter für ihn herausgelegt hatte. Wenig später erschien er in der Küche auf der Suche nach etwas zu essen.

»Ich brühe dir einen Kräutertee auf, und dazu kannst du heißen Toast mit Butter essen«, bot ihm die Großmutter an. Ryan freute sich darauf. Er verspürte einen Bärenhunger. Da fiel sein Blick auf die großen Töpfe, die auf dem Ofen vor sich hin summten. »Heute kochst du aber viel«, sagte er verwundert. »Kriegen wir Besuch?« Die Großmutter wandte sich um und sah ihn mit einem verschmitzten Lächeln an. »Ja, vielleicht bekommen wir heute Besuch. Aber der wird wohl mit dem Stall vorliebnehmen müssen.« Jetzt wunderte sich Ryan noch mehr. »Wieso denn das?« fragte er verwirrt. »Wir haben doch genug Platz im Haus. Wenn ich wieder in mein Zimmer ziehe, kann der Besuch auf dem Sofa schlafen.«

»Vielleicht übernachtet er aber lieber im Stall bei den Kühen und Schafen«, gab die Großmutter zurück. In diesem Augenblick wurde die Küchentür geöffnet, und die Mutter trat herein. »Es ist soweit. Hast du das Wasser bereit?« platzte sie heraus. Jetzt erst fiel ihr Blick auf Ryan, der an seinem Toastbrot nagte. »Oh, du bist ja aufgestanden!« sagte sie erstaunt. »Möchtest du mit in den Stall kommen und sehen, wie das Kalb geboren wird?«

Ryan verstand nun gar nichts mehr. Zuerst redete die Großmutter von Besuch, der im Stall übernachten würde, und nun fragte ihn die Mutter, ob er bei der Geburt eines Kälbchens zugucken wollte. War er wirklich schon aufgewacht, oder gehörte das alles noch zu seinen wirren Fieberträumen? Da antwortete die Großmutter an seiner Stelle: »Laß ihn erst einmal in Ruhe frühstücken. Dann können wir ja weitersehen. Das Wasser ist jedenfalls heiß genug.« Ryan sah zu, wie die Mutter einen der großen Töpfe davontrug. Er verstand noch nicht, was sie damit wollte, aber das würde er sicher noch herausfinden. Jetzt wollte er sich erst einmal mit dem Brot und dem Kräutertee stärken.

Als er fertig gefrühstückt hatte, erlaubte ihm die Großmutter, in den Stall zu gehen. »Aber vergiß nicht, deinen Schal umzubinden, und zieh die dicke Jacke an!« rief sie ihm nach. Ryan tat, wie ihm geheißen. Dann schlüpfte er in seine Stiefel und öffnete die Haustür. Die kalte Luft schnitt ihm ins Gesicht. Er eilte über den Hof und verschwand im Stall.

»Oh, Ryan, gut, daß du kommst«, hörte er die Mutter sagen, die neben Morlin im Stroh kniete. »Kannst du der Großmutter sagen, daß ich noch mehr Wasser brauche?« Ryan nickte und drehte sich auf der Stelle um. Als er wenig später mit der Großmutter zurückkam, war das Kälbchen bereits geboren. Die Mutter wusch es mit warmem Wasser und rieb es hinterher mit sauberem Stroh trocken. Ryan sah ihr fasziniert dabei zu. »Das ist ja so winzig und so . . . so . . .« Er fand nicht die richtigen Worte für das, was er empfand. Dann dämmerte es ihm plötzlich, was die Großmutter mit dem Besuch gemeint hatte. »Das Kälbchen hat uns sozusagen besucht, und es wird im Stall schlafen bei den Kühen und Schafen und nicht im Wohnzimmer auf dem Sofa.« Bei dem Gedanken mußte er auf einmal lachen. Da sah die Mutter zu ihm auf und sagte: »Es ist ein Mädchen, ein kleines Kuhkalb. Willst du dir einen Namen ausdenken?«

Ryan überlegte einen Augenblick. Dann schüttelte er den Kopf. »Ich warte lieber, bis Kirsty aus der Schule kommt. Dann können wir zusammen etwas aussuchen.« Mit diesen Worten drehte er sich um und ging zum Haus zurück.

Bastelarbeit: Krippe mit Jesuskind

Hierfür brauchst du die Hälfte einer kleinen Schachtel (z. B. von einer Glühbirne oder Teepackung), eine Papierserviette oder Küchenpapier, Wollfaden, Wattebausch, Stroh, Klebstoff, Schere, Wasserfarbe und einen Filzstift.

   *Deine Schachtel sollte etwas länglich sein, da du daraus das Bett oder die Krippe machst. Schneide die Schachtel **der Länge nach** in der Mitte durch (ein Erwachsener kann dabei helfen). Du brauchst nur eine Hälfte davon. Male die Außenseiten mit Wasserfarbe oder mit Filzstift an. Dann streiche den inneren Boden der Schachtel mit Klebstoff ein, und lege eine Schicht Stroh hinein. (Anstelle von Stroh kannst du auch gelbe Papierstreifen nehmen.) Nun lege den Wattebausch in die Mitte deiner Serviette, wie du es gestern bei dem Engel getan hast. Schließe das Papier um die Watte, und binde einen Wollfaden darum. Dies ist der Kopf von dem Jesuskind. Male mit dem Filzstift ein Gesicht darauf. Der Rest der Serviette ist die Windel, die seinen Körper bedeckt. Lege ihn nun auf das Stroh in der Krippe, damit er darin schlafen kann. Wenn du willst, kannst du ihm ein paar Wiegenlieder singen.*

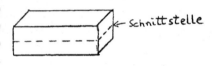

← Schnittstelle

Warum Ryan das Wortspiel durcheinanderbrachte

Natürlich war Kirsty enttäuscht darüber, daß sie die Geburt des Kälbchens verpaßt hatte. Noch mehr wurmte es sie aber, daß Ryan dabei hatte helfen dürfen, auch wenn er bloß zur Großmutter geschickt worden war, um noch mehr Wasser zu holen. »Ich hab' auch nicht gesehen, wie es rauskam, sondern nur, daß es plötzlich da war«, beeilte sich Ryan zu sagen. »Mami hat es gewaschen und mit Stroh abgerieben. Sie wollte, daß ich ihm einen Namen gebe, aber ich habe auf dich gewartet, damit wir zusammen etwas aussuchen können.« Das stimmte Kirsty nun etwas versöhnlicher. Sie gingen zusammen in den Stall, um das Kälbchen noch einmal zu sehen. Es war hellbraun, wie seine Mutter, und hatte einen kleinen weißen Fleck auf der Stirn. Noch konnte es sich kaum auf seinen wackeligen Beinen halten. Kirsty kicherte leise vor sich hin. Das Kälbchen sah so unbeholfen aus, wie es da im Stroh stand und sie aus ängstlichen dunklen Augen anstarrte. »Wir können es ja Sternschnuppe nennen, wegen des weißen Flecks auf seiner Stirn«, schlug Kirsty vor.

»Ach, das ist doch kein richtiger Name«, entgegnete Ryan.

»Weißt du was Besseres?« fragte Kirsty ein

wenig gekränkt. Ryan dachte angestrengt nach. »Vielleicht Christina, weil es beinahe zum Christfest geboren wurde«, sagte er ein wenig unsicher.

»Christina . . .« Kirsty bewegte den Namen auf ihrer Zunge. »Dann können wir es auch gleich Kirsty nennen.«

Jetzt lachte Ryan auf. »Kirsty, das Kuhkalb!« Das Kälbchen wich erschrocken zurück und knickte dabei mit seinen Vorderbeinen ein.

»Sei doch still!« fuhr Kirsty ihren Bruder an. Dann kam ihr ein anderer Einfall. »Wir könnten es Maria nennen, wie die Mutter von Jesus. Das ist ein richtiger Name, und er paßt auch zu Weihnachten.« Ryan gab sich einverstanden. Der Einfachheit halber riefen sie das Kalb »Mary«, und es spitzte sogar seine Ohren, als die Kinder den Namen flüsterten.

»Morlin und Mary – das klingt richtig schön«, sagte die Mutter, als sie später beim Abendessen beisammensaßen.

»Und wie eine Frühgeburt sieht es auch nicht aus«, meinte der Vater, der das Kalb ebenfalls begutachtet hatte. »Wenn es nur ordentlich trinkt, dann wird es bald zu einer prachtvollen Kuh heranwachsen, so wie seine Mutter.«

In der folgenden Nacht träumten Ryan und Kirsty beide von dem Kälbchen. Während es in Ryans Traum auf seinen wackeligen Beinen durch den Schnee stakste, sah Kirsty es im Stroh neben einer Krippe liegen. Als sie sich vorbeugte, konnte sie in der Krippe ein Baby erkennen. »Das Jesuskind«, flüsterte sie im Traum, wobei ein Strahl von Wärme ihr Herz durchflutete.

Am nächsten Morgen saßen die Kinder wieder gemeinsam beim Frühstück. Ryan fühlte sich zwar noch etwas schwach, aber das wollte er vor der Großmutter nicht zugeben. Sonst ließ sie ihn womöglich nicht an der Schulweihnachtsfeier teilnehmen, auf die er sich schon so lange gefreut hatte.

»Keine wilden Spiele, hörst du?« ermahnte sie ihn noch einmal, als Ryan in seine Jacke schlüpfte. »Sonst mußt du Weihnachten im Bett verbringen, und das willst du doch nicht, oder?«

»Natürlich nicht«, murmelte Ryan und folgte Kirsty zur Straße. Sein Fuß fühlte sich schon fast wieder gesund an, aber die Großmutter hatte darauf bestanden, daß er noch einmal den Stützverband trug.

»Na, du hast dich aber schnell gesundgeschlafen«, sagte Mr. MacEwans, als sie in den Bus stiegen. Ryan nickte nur leicht mit dem Kopf, denn er hatte Angst, daß ihn seine heisere Stimme verraten würde. So ganz gesund war er eben noch nicht; aber jetzt wollte er sich erst einmal auf die Weihnachtsfeier freuen.

Als die Kinder in die Turnhalle traten, in der sie sich immer zum Morgentreff versammelten, hielten sie vor Staunen die Luft an. Sie wagten nur zu flüstern und auf leisen Sohlen über das Parkett zu schleichen.

»Ob das alles Mrs. Rutherford allein gemacht hat?« fragte Sophie und deutete dabei auf den

Weihnachtsschmuck, der die Wände und die Decke zierte.

»Nein, Mrs. Sinclair und Mr. MacKenzie haben ihr sicher dabei geholfen«, entgegnete Kirsty.

»Und meine Mutter«, mischte sich Colin ein. »Sie haben den ganzen Abend damit verbracht, aber ich war noch wach, als sie nach Hause kam«, berichtete er stolz. Kirsty und Sophie fanden bald heraus, daß noch andere Eltern beim Schmücken geholfen hatten. Auch gewöhnten sich die Kinder langsam an den Raum, und ihre Schritte wurden fester und die Stimmen lauter. Da klatschte Mrs. Rutherford in die Hände, und es wurde wieder still.

»Willkommen zu unserer Schulweihnachtsfeier!« rief sie aus. »Wie ihr seht, hat sich unsere Turnhalle ein wenig verändert. Ich hoffe, es gefällt euch und stimmt euch auf das bevorstehende Weihnachtsfest ein.« Sie machte eine Pause, und einige Kinder traten nervös auf der Stelle. Dann setzte Mrs. Rutherford noch einmal an: »Wie ihr wißt, ist heute der letzte Schultag vor den Weihnachtsferien. Einige von euch werden sich also in den kommenden zwei Wochen nicht sehen. Deshalb wäre es schön, wenn ihr an diesem Morgen noch einmal besonders freundlich zueinander seid und allen Streit, der in den letzten Tagen gewachsen ist, begrabt.« In diesem Augenblick wurde sie von Ryans Husten unterbrochen. Er versuchte, ihn zu unterdrücken, aber das machte den Reiz in seiner Kehle nur noch schlimmer. Mr. MacKenzie trat auf ihn zu und klopfte ihm auf den Rücken. »Na, so ganz überstanden hast du deine Erkältung noch nicht«, sagte er dabei leise. Ryan beruhigte sich wieder, während Mrs. Rutherford ein paar Anweisungen für das Fest erteilte. Zuerst einmal sollten sich die Kinder in einem großen Kreis auf den Boden setzen. Dann ging Mrs. Sinclair zum Klavier und stimmte ein Weihnachtslied an. Ryan wollte zuerst mitsingen, aber die Töne, die er herausbrachte, hörten sich eher wie das Quietschen der Stalltür an als wie Gesang. So ließ er es besser bleiben. Es folgten zwei weitere Lieder, bevor Mr. MacKenzie in die Mitte trat und das erste Spiel ankündigte. Es ging etwa so wie »der Plumpsack geht rum«. Ross wurde als erster in die Mitte geschickt, weil er mal wieder seinen Mund nicht halten konnte. Ryan hörte noch einmal die Mahnung der Großmutter: »Keine wilden Spiele, hörst du?« Doch er schob die Gewissensbisse beiseite, als er sich zu den anderen Kindern in den Kreis gesellte. Dabei ließ während des ganzen Spiels niemand den Plumpsack hinter seinem Rücken fallen, so daß er am Ende immer noch auf demselben Platz saß. Mr. MacKenzie hatte noch andere Spiele bereit. So teilte er die Kinder in sechs Gruppen ein und ließ sie mit den Füßen einen Ball weiterreichen und mit dem Mund einen Strohhalm. Dann bekam jede Gruppe ein Stück Paketschnur, mit dem alle Kinder ihre Füße zusammenbinden mußten. Kirstys Gruppe war als erste fertig, aber jemand aus einer anderen Mannschaft rief empört: »Die haben auch eine längere Schnur! Bei uns reicht sie gar nicht!« Mr. MacKenzie konnte nachweisen, daß alle Schnüre genau die gleiche Länge hatten, und der

Junge mußte sich damit abfinden, nicht unter den Gewinnern zu sein. Die Gruppen wurden wieder aufgelöst, und die Kinder fanden sich noch einmal im Kreis ein. Da saß Mrs. Sinclair auch schon am Klavier, das eine weitere Weihnachtsmelodie von sich gab.

Nach dem Singen bekam jedes Kind einen Becher Saft und ein paar Plätzchen, die Fionas Mutter in der Dorfbäckerei gebacken hatte. Kirsty plauderte fröhlich mit den anderen Kindern und ließ sich die Feier gefallen, doch Ryan fühlte sich auf einmal wieder ziemlich schwach. Er wurde von einem weiteren Hustenanfall gepackt, und Mr. MacKenzie fragte besorgt: »Möchtest du lieber nach Hause gehen? Wir können ein Taxi bestellen, das dich heimfährt.« Ryan schüttelte schnell den Kopf. »Nein, es ist schon wieder gut. Das waren wahrscheinlich nur die Kekskrümel, die mich im Hals gekratzt haben.« Er sah zur Seite, um Mr. Mac Kenzies Blick auszuweichen.

»Na gut, wie du willst«, sagte der Lehrer. »Aber sieh zu, daß du dich nicht übernimmst.« Damit wandte er sich ab, um selbst ein paar Plätzchen zu genießen.

Schließlich klatschte Mrs. Rutherford noch einmal in die Hände. »Wir haben noch mehr Spiele für euch bereit«, verkündete sie, als die Kinder still waren. »Wer von euch kennt das Spiel ›Stille Post‹?« Überall schnellten Hände in die Höhe. »Gut so, Und ihr wißt, daß ihr dabei ganz still sein müßt?« Die Kinder nickten einmütig, nur Ross konnte es nicht lassen, seinem Nachbarn etwas zuzuflüstern. Mrs. Sinclair hatte es gesehen und ging jetzt auf ihn zu. Sie packte Ross am Arm und nahm ihn aus dem Kreis. Er sah recht griesgrämig drein, während er in der Ecke stehen und den anderen zusehen mußte, die jetzt mit dem Spiel begannen. Mrs. Rutherford beugte sich zu James vor und flüsterte ihm ein Wort ins Ohr. Dann wandte sich James an seinen linken Nachbarn und gab das Wort leise weiter. So machte es seine Runde, bis es beim letzten Schüler ankam. »Nun sag es uns laut«, forderte Mrs. Rutherford ihn auf. Der Junge sah ein wenig verlegen drein. Dann meinte er: »Ich habe ›Hundeknochen‹ verstanden.« Die Kinder lachten laut auf.

»Das war doch ›Kuchenform‹!« rief James dazwischen.

»Bei mir kam aber ›Hundeohr‹ an«, meldete sich Fiona. Mrs. Rutherford sorgte für Ruhe. »Wollt ihr noch ein Wort?« fragte sie in die Runde. Natürlich wollten sie! Diesmal durfte auch Ross wieder mitspielen.

Ryan hatte es bereits kommen sehen. Gerade als er an der Reihe war, das Wort weiterzugeben, wurde er wieder von einem Hustenanfall gepackt. Martin, der ihm sein Ohr hingestreckt hatte, wich erschrocken zurück. Ryan schluckte verzweifelt und wollte es noch einmal versuchen. Doch da hatte sich Martin auch schon zu dem nächsten Kind vorgebeugt. »Was er dem wohl ins Ohr geflüstert hat?« fragte sich Ryan. »Er konnte doch gar nichts verstehen!« Seine Unruhe wuchs, während das Wort seine Runde machte. Schließlich kam es bei Susan an, die laut verkündete: »Uchterballa.«

»Wie bitte?« fragte Mrs. Rutherford, wobei sie ihre Stirn in Falten zog.

»Uchterballa«, wiederholte Susan. Da brach die ganze Schülerschar in lautes Gelächter aus. Nur Ryan lachte nicht mit. Er sah sich unsicher um und wäre am liebsten hinter die Schaumstoffmatte gekrochen, die hinter ihm an der Wand lehnte. Als das Gelächter verebbte, sagte Colin, der Ryan das Wort zugeflüstert hatte: »Bei mir hieß es noch ›Weihnachtskrippe‹.«

»Und bei mir war es dann ›Uchterballa‹«, fügte Martin sogleich hinzu. Da konnte Ryan nicht länger an sich halten. »Was kann ich denn dafür, wenn ich plötzlich husten muß!« krächzte er mit heiserer Stimme und wünschte auf einmal, doch mit dem Taxi nach Hause gefahren zu sein. Aber im nächsten Augenblick spürte er die Hand des Lehrers auf seiner Schulter und hörte seine freundliche Stimme: »Mach dir nichts draus. Du hast uns alle zum Lachen gebracht, und Lachen tut gut.«

Später im Bus kamen Ryan die Worte noch einmal in den Sinn, und während er darüber nachdachte, mußte er Mr. MacKenzie recht geben. »Lachen tut gut, und schließlich haben mich die andern ja nicht ausgelacht.«

Spiel: Wortverwandlung

Sicher habt ihr alle schon »Stille Post« gespielt und dabei gemerkt, wie schnell sich ein Wort verwandeln kann, wenn es von einem zum andern weitergesagt wird. Ein ähnliches Spiel können wir aber auch auf dem Papier spielen. Es ist übrigens eine gute Übung für werdende Dichter.
Wir beginnen zuerst mit dem Wort LAUT und verändern in jeder Zeile nur einen Buchstaben.

LAUT

LAUS = kleines Tier

_ _ _ _ = worin wir wohnen

_ _ _ _ = Jungenname

_ _ _ _ = ein Körperteil

_ _ _ _ = Teil eines Zimmers

_ _ _ _ = der bläst die Blätter vom Baum

_ _ _ _ = ein kleiner Mensch

(Auflösung: HAUS, HANS, HAND, WAND, WIND, KIND)

Und hier noch eine Wortverwandlung:

BAND

_ _ _ _ = nicht mehr lange

_ _ _ _ = ist rund

_ _ _ _ = ein Echo

_ _ _ _ = stop!

_ _ _ _ = nicht weich

_ _ _ _ = weidet die Schafe
(hat eigentlich noch ein E am Ende)

_ _ _ _ = arbeitet im Gasthaus

_ _ _ _ = ein Gebilde aus Buchstaben

(Auflösung: BALD, BALL, HALL, HALT, HART,
HIRT, WIRT, WORT)

Jetzt kannst du dir selber noch mehr ausdenken.
Viel Spaß dabei!

23. Dezember

Warum Kirsty einen Weihnachts-baum aussuchen durfte

Ryan wollte heute mal wieder gar nicht aus dem Bett steigen. Er fühlte sich matt, und seine Arme und Beine ließen sich kaum bewegen. Aber schließlich trieb ihn der Hunger doch in die Küche hinunter, wo die Großmutter bereits dabei war, das Mittagessen vorzubereiten.

»Na, hast du dich endlich aus deinen Decken gewühlt?« begrüßte sie Ryan. »Ich dachte schon, du hättest dich nun doch für einen Winterschlaf entschieden.« Ryan setzte sich an den Tisch und stützte seinen Kopf in die Hände. Dann gähnte er erst einmal herzhaft. Die Großmutter sah ihn mit einem kritischen Blick an. »So ganz wach scheinst du ja noch nicht zu sein«, meinte sie. Ryan wandte seinen Blick zum Herd, doch seine Augen suchten vergeblich nach dem Topf mit Haferbrei. »Ist es denn schon so spät?« fragte er mit heiserer Stimme.

»O je!« entgegnete die Großmutter. »Deine Erkältung hat sich wieder verschlimmert. Ich wußte doch, daß du gestern lieber hättest zu Hause bleiben sollen.« Ryan zog seine Stirn in Falten und sagte ungeduldig: »Ich habe Hunger. Gibt es denn heute kein Frühstück?« Er ließ seinen Blick durch die Küche schweifen.

»*Wir* haben schon vor mehr als einer Stunde gefrühstückt«, meinte die Großmutter, wobei ihre Stimme ein wenig vorwurfsvoll klang. »Wenn du Haferbrei möchtest, dann mußt du frischen aufsetzen, und wenn du möchtest, daß ich dir dabei helfe, dann solltest du mich freundlich darum bitten und nicht wie eine Dienstmagd herumkommandieren.« Ryan schluckte. Zu seiner körperlichen Mattheit kam nun auch noch das Gefühl, unverstanden und allein gelassen zu sein. Niemand hatte Mitleid mit ihm. Statt dessen wurde er mit Vorwürfen überhäuft. »Du hättest eben gestern lieber zu Hause bleiben sollen«, äffte er in Gedanken die Stimme der Großmutter nach. »Und wenn du möchtest, daß ich dir helfe, dann mußt du mich freundlich darum bitten.« Am liebsten wäre er auf der Stelle in sein Bett zurückgekehrt und hätte sich unter der warmen Decke vergraben und – ja, und einfach Winterschlaf gehalten, so wie der Igel. Aber dafür hätte er sich im Herbst einen Winterspeck zulegen müssen, um in seinem langen Schlaf nicht zu verhungern. Da er aber keinen Speck hatte, sondern sein Magen vor Hunger knurrte, machte er sich wohl oder übel daran, den Haferbrei zu kochen. Die Großmutter um Hilfe bitten, würde er jedenfalls nicht!

Während der Haferbrei still vor sich hin kochte, ging Ryan in sein Zimmer hinauf, um sich anzukleiden. Auf dem Treppenabsatz begegnete er Kirsty, die gerade aus der Stube getreten war.

»Hallo, Ryan!« begrüßte sie ihren Bruder fröhlich. »Ich gehe nachher mit Papi in den Wald, um einen Weihnachtsbaum zu holen.« In Ryan wallte sofort die Eifersucht auf. »Du bist ihm doch bloß dabei im Weg«, gab er giftig zurück, doch so schnell ließ sich Kirsty ihre Freude nicht nehmen. »Papi hat gesagt, ich kann ihm dabei helfen«, entgegnete sie unbeirrt. »Vielleicht kannst du ja auch mitkommen, wenn du dich beeilst.« Ryan wußte, daß die Großmutter es ihm nicht erlauben würde. Ja, wenn er ehrlich war, dann wollte er auch gar nicht mit dem Vater in den Wald gehen. Seine Beine schafften es ja kaum die Treppe hinauf. Aber es wurmte ihn, daß Kirsty einen schönen Tag haben sollte, während er sich zu Hause mit Schmerzen und Langeweile plagte. Deshalb sagte er noch einmal: »Ich würde an Papis Stelle lieber alleine gehen.« Mehr Worte brachte er mit seiner heiseren Stimme nicht heraus. Als er wenig später in der Küche saß und seinen Haferbrei löffelte (außer daß er etwas angebrannt war, schmeckte er vorzüglich), hörte Ryan, wie sich Kirsty und der Vater für den Wald fertig machten. »Ich hoffe, sie werden von ihrem dummen Weihnachtsbaum erschlagen!« schoß es Ryan durch den Kopf, doch im selben Augenblick erschrak er über diesen schrecklichen Gedanken. Von Gewissensbissen geplagt, bat er still um Vergebung. »Ich möchte ja gar nicht, daß ihnen was Schlimmes passiert«, teilte er Jesus in Gedanken mit. »Ich möchte nur . . . ach, ich wünschte, ich wäre gesund und könnte mitgehen!« Für eine Weile sah er gedankenverloren vor sich hin. Dann merkte er, daß die Großmutter ihn beobachtete. So beugte er sich wieder über seinen Haferbrei und aß weiter. Doch sein Gespräch mit Jesus war noch nicht beendet. »Wenn ich bloß nicht so schlapp wäre! Was soll ich mit diesem Tag nur anfangen?« fragte er den großen Freund in Gedanken. Da kam ihm plötzlich eine Idee. »Ist heute nicht Samstag? Und backen wir da nicht immer etwas für den Advent?« Er hielt inne und warf einen Blick auf den Ofen. »Heute müssen wir sogar noch mehr backen, damit wir für alle Weihnachtstage etwas haben.«

Wenn Kirsty schon mit dem Vater in den Wald ging, um den Baum zu holen, dann war es wohl an ihm, die Weihnachtskekse zu backen. »Das wird aber eine Überraschung!« dachte er und stellte sich vor, wie die andern ins Haus traten und von dem frischen Plätzchengeruch begrüßt wurden. Die letzten Löffel voll Haferbrei verschwanden eilig in seinem Mund. Dann stand er auf und trug sein Schälchen zum Spülbecken.

»Hast du dir schon überlegt, was du heute machen möchtest?« fragte die Großmutter, wobei sie von ihrem halbzerschnippelten Rotkraut aufsah.

»Ich werde Weihnachtskekse backen«, verkündete Ryan mit fester Stimme.

»Gut«, entgegnete die Großmutter, ohne ihre Überraschung zu zeigen. »Dort drüben im Regal findet du das Buch mit den Backrezepten. Aber geh dich erst waschen, und putz dir die Zähne. Bäcker müssen immer besonders sauber sein.«

Wenig später stand Ryan am Küchentisch und stellte alle Zutaten vor sich auf. »Wir haben kein Orangenkonzentrat«, stellte er dabei fest. Die

Großmutter trat näher und beugte sich über das Backbuch. »Ach, du kannst zur Not auch Zitronensaft nehmen«, meinte sie, »aber laß mich erst noch einmal in der Dose mit den Backgewürzen nachsehen.« Schließlich fand sie doch noch ein kleines Fläschchen mit Orangenkonzentrat, und Ryan konnte damit beginnen, den Teig anzurühren.

Kirsty stapfte neben ihrem Vater her dem Forsthaus zu. Die Luft war kalt und der Himmel klar. In der Ferne glitzerten die schneebedeckten Gipfel der Berge, während die vielen Bäche wie silberne Fäden an den Hängen hinabliefen. Kirsty war rundum glücklich. Es war lange her, seit der Vater zum letzten Mal etwas mit ihr allein unternommen hatte. Obwohl ihr Ryan mit seiner Erkältung leid tat, war sie insgeheim froh, daß er nicht mitgekommen war. Beim Forsthaus hielten sie inne. Der Vater beriet sich für eine Weile mit Mr. MacPhearson, der gerade dabei war, den Anhänger mit Heu zu beladen. Gordon half ihm dabei, während Paula und Mairi hinter der Scheibe am Küchenfenster erschienen und das Treiben auf dem Hof beobachteten. Schließlich hörte Kirsty ihren Vater sagen: »Ach, das ist nicht nötig. Wir haben den Schlitten mitgebracht, und an einem solchen Tag macht das Laufen ja Spaß.«

Wenig später rief er Kirsty zu sich, und sie machten sich wieder auf den Weg. »Hier sind wir schon einmal mit dem Jeep hochgefahren«, erinnerte sich Kirsty, als sie der Fahrspur durch den Schnee folgten. Der Vater nickte. »Das ist der Weg zu den

Futterplätzen. Wenn wir Glück haben, können wir heute Rehe beobachten.«

»Wirklich?« Kirstys Augen leuchteten auf.

»Ja, aber wir müssen schön leise sein, damit wir sie nicht erschrecken.« Im Schnee waren ihre Schritte sowieso nur gedämpft zu hören, und da kaum ein Wind wehte, konnten sie sich auch mit Flüstern unterhalten. Es gab so viel, was Kirsty ihrem Vater erzählen wollte. Nach einer Weile wurden ihre Worte aber weniger, denn sie brauchte ihre Kraft zum Laufen. Aber auch ohne Worte fühlte sie sich von ihrem Vater verstanden und genoß es, an seiner Seite durch die herrliche Winterlandschaft zu schreiten. Da hielt er plötzlich inne und legte seinen Zeigefinger auf den Mund. Kirsty stand auf der Stelle still. Sie folgte seinem Blick und sah geradewegs in die Augen eines jungen Rehbocks. Vor Schreck vergaß sie sogar zu atmen. Der Rehbock erschrak ebenfalls, als er die beiden Wanderer um die Ecke biegen sah. Für einen Augenblick stand er unentschlossen da. Dann drehte er sich um und lief in großen Sprüngen davon. Aber was war das? Als Kirsty und ihr Vater die Höhe des Hügels erreichten, über den die Fahrspur führte, sahen sie ein ganzes Rudel Rehe durch den Schnee davonpreschen. Staunend hielten sie inne, bis die Tiere in der Ferne verschwanden. »Großartig!« flüsterte der Vater.

»Das waren ja viele!« fügte Kirsty hinzu. »Und so nahe!« Sie konnte das Ereignis noch gar nicht recht fassen. »Ich dachte immer, daß Rehe so ähnlich wie Pferde aussehen«, sagte sie nach einer

Weile. »Aber sie sind viel schlanker.« Der Vater stimmte ihr zu. »Ja, sonst könnten sie nicht so große Sprünge machen und die steilen Hänge raufund runterlaufen.«

Sie marschierten weiter, bis sie zu einer Fichtenschonung kamen. Die meisten Bäume waren kaum höher als der Vater und standen dicht nebeneinander. Zum Schutz vor den Rehen, die gerne die jungen Triebe abknabberten, hatte Mr. MacPhearson einen hohen Zaun um die Schonung gezogen. Doch an einer Stelle gab es eine schmale Holztreppe, über die Kirsty und ihr Vater zu den Bäumen gelangen konnten.

»Nun, willst du mir helfen, einen schönen Weihnachtsbaum auszusuchen?« fragte der Vater, während er die Axt und die Säge von seiner Schulter nahm. Kirsty strich mit ihren Fingern über die schneebedeckten Nadeln. »Wie das prickelt!« dachte sie und sah zu den Kronen der Bäume auf. Dann deutete sie auf eine besonders gerade Fichte und meinte: »Wie wär's mit dieser hier?« Der Vater begutachtete den Baum mit einem kritischen Blick. »Ich befürchte, die ist zu groß für unsere Stube.« Kirsty sah sich um. »Dann vielleicht dieser Baum hier; der ist kleiner.«

»Aber er ist etwas schief gewachsen«, entgegnete der Vater. »Der fällt uns womöglich um.« Kirsty seufzte. Dann wagte sie einen dritten Versuch. Diesmal deutete sie auf einen Baum, der gerade gewachsen, aber nicht zu hoch war. »Meinst du, dieser hier ist richtig?« fragte sie zaghaft. Wieder ließ sich der Vater mit seiner Antwort Zeit. Kirsty wollte sich schon geschlagen geben, als er sagte: »Ja, ich glaube, du hast recht. Der Baum sieht sehr schön aus, und er müßte gut in unsere Stube passen.« Schon nahm er die Axt zur Hand und hieb damit einen Keil in den jungen Stamm. Dann sagte er Kirsty, wo sie stehen sollte, um nicht von dem Baum erschlagen zu werden. Kurz darauf bohrten sich die Zähne der Säge in das frische Holz. Dann gab es ein Knarren und Ächzen, und der Baum senkte sich zu Boden. Es war nicht leicht, ihn über den hohen Zaun zu heben, aber mit Kirstys Hilfe, die die zerbrechliche Spitze hielt, gelang es doch. Der Vater band den Baum auf dem Schlitten fest, und so machten sie sich auf den Heimweg.

»Mm, das riecht aber gut!« stießen Kirsty und der Vater fast gleichzeitig aus, als sie ins Haus traten. Ryan steckte seinen Kopf zur Küchentür hinaus und rief: »Nicht gucken! Das ist eine Überraschung!«

»Wir haben auch eine Überraschung mitgebracht«, entgegnete Kirsty, doch da war er auch schon wieder in der Küche verschwunden. Auf jeden Fall hatten Ryan und Kirsty beide einen schönen Tag gehabt.

Weihnachtskekse backen

Zutaten: 155 g Butter, 90 g Puderzucker, 3 Eigelb, 250 g Mehl, 2 Teelöffel Orangenkonzentrat, 1 Teelöffel Backpulver; und für den Guß: 2 Eiweiß und 250 g Puderzucker

Backanweisung:
Heize den Ofen auf 180° C vor, und fette mehrere Backbleche ein. Schlage Butter und Zucker in einer Schüssel cremig. Dann schlage das Eigelb und das Orangenkonzentrat hinzu. Siebe Mehl und Backpulver darauf und rühre, dann knete alles zu einem Teig. Rolle diesen auf einer mit Mehl bestreuten Unterlage aus. Steche oder schneide Formen aus,

und lege sie auf das Backblech. Wenn du die Kekse später aufhängen willst, dann mußt du jetzt mit einer Stricknadel (oder einem ähnlichen Gegenstand) ein Loch in jede Form stechen, das groß genug ist, um nachher einen Faden hindurchzuziehen.

Nun backe sie für 15 bis 18 Minuten. Laß sie abkühlen, und rühre aus dem Puderzucker und Eiweiß einen Guß an. Damit bestreiche die Kekse (aber nicht das Loch zukleistern!). Wenn der Guß trocken ist, kannst du den Faden durchziehen und die Kekse an den Weihnachtsbaum hängen. Viel Spaß dabei!

24. Dezember

Warum Ryan und Kirsty einen Königsstern sahen

Ryan und Kirsty waren so aufgeregt, daß sie schon früh aus dem Bett schlüpften. Heute war wirklich ein besonderer Tag: Der vierte Advent und Heiligabend. Sie schlichen die Treppe hinunter und öffneten leise die Wohnzimmertür. Ryan drückte auf den Lichtschalter. Dann hielten sie für einen Augenblick den Atem an. »Sieht der nicht wunderbar aus?« flüsterte Kirsty, ohne ihre Augen von dem Baum abzuwenden. »Er scheint mir jetzt sogar noch schöner zu sein als gestern.«

Ryan, der das Schwärmen lieber seiner Schwester überließ, trat auf den Baum zu und fuhr mit dem Finger über die grünen Nadeln. »Ich glaube nicht, daß er sich über Nacht verändert hat«, sagte er gelassen. Dann berührte er einen der kleinen Weihnachtskekse, die an roten Wollfäden von den Zweigen herabhingen. »Stell dir vor, es gäbe einen Baum, an dem richtig Kekse wachsen«, meinte er gedankenverloren.

»Im Paradies gab es bestimmt so einen Baum«, entgegnete Kirsty und trat ebenfalls näher. Ryan nickte. »Ja, und im Himmel wird es wieder so schön sein wie im Paradies, nur daß die blöde Schlange uns nicht mehr verführen kann.« Kirsty malte die Idee noch weiter aus. »Im Himmel wachsen sicher alle möglichen Sachen an den Bäumen.« Sie sah zu der Krone der Fichte auf, die beinahe an die Decke stieß. Dann besah sie sich den Schmuck, der von den Zweigen herabhing, und meinte: »Da gibt es Bäume mit Weihnachtskeksen und mit Schokoladenglocken und mit Geleeherzen und mit Cremekugeln . . .« Sie zählte alles auf, was man auf der Zunge zergehen lassen konnte. Als ihr nichts mehr einfiel, sagte Ryan nachdenklich: »Ich frage mich, ob wir deshalb einen Weihnachtsbaum schmücken.« Kirsty sah ihn fragend an. Da erklärte Ryan: »Vielleicht soll uns der Weihnachtsbaum an den Himmel erinnern, wo es all die guten Sachen gibt und von allem genug.« Und mit fester Stimme fügte er hinzu: »Ja, das wird es sein. Jesus ist doch auf die Erde gekommen, um uns mit Gott zu versöhnen und damit wir eines Tages im Himmel sein können.« Er nickte entschlossen mit dem Kopf. »Ich bin sicher, daß uns der Weihnachtsbaum an den Himmel erinnern soll.«

Kirsty entdeckte jetzt die Kerzen, die in silbernen Haltern auf den Zweigen saßen. »Wenn die erst mal leuchten und sich die Flammen in den Glaskugeln spiegeln, dann kommen wir uns sicher vor, als wären wir im Himmel«, sagte sie mit glänzenden Augen.

»Die werden aber erst heute abend angezündet«, entgegnete Ryan. »Heute morgen kommt noch mal der Adventskranz dran.« Sie wandten beide gleichzeitig ihren Kopf und sahen den Kranz mit vier Kerzen auf dem Holztisch stehen. In diesem Augenblick hörten sie Schritte auf der Treppe.

»Das ist Mami«, flüsterte Ryan und eilte zum Lichtschalter. Im nächsten Moment hüllte sie die Dunkelheit ein.

»Ryan? Kirsty?« drang eine leise Stimme aus dem Treppenhaus.

»Wir sind hier«, gab Kirsty zurück. Sie hatte nicht gesehen, wie Ryan seinen Finger auf den Mund legte, und selbst wenn sie es gesehen hätte, wäre sie nicht still geblieben. Die Dunkelheit machte ihr angst, und außerdem hatten sie keinen Grund, sich zu verstecken. Schließlich hatten sie nicht von dem Baum genascht. Die Mutter knipste das Licht wieder an und sah überrascht zu den Kindern hinüber.

»Wir wollten nur sehen, ob der Weihnachtsbaum noch da ist«, erklärte Kirsty.

»Und ob noch alles dranhängt«, fügte Ryan hinzu.

»Und? Ist alles noch wie gestern?« wollte die Mutter wissen. Ryan und Kirsty nickten einmütig. »Dann könnt ihr euch ja jetzt anziehen und zum Frühstück kommen.«

Ryan half an diesem Morgen im Stall. Es war seine eigene Idee gewesen, denn so würden die Eltern schneller fertig sein, und sie konnten damit beginnen, den Advent zu feiern. Kirsty hingegen packte ihre Flöte aus, um Großmutters neues Lied zu lernen. Die Melodie war nicht schwer. Wenig später saßen sie dann alle in der Stube beisammen und sangen, während auf dem Adventskranz die vier Kerzen ihre Flammen in die Höhe streckten und im Kamin das Feuer prasselte und eine wohltuende Wärme verbreitete. Draußen schien die

Landschaft vom Frost erstarrt zu sein, doch es versprach ein klarer Tag zu werden. Nachdem sie drei Lieder gesungen hatten, schlug der Vater wieder die Bibel auf. Doch bevor er zu lesen begann, fragte er Ryan und Kirsty: »Ihr wißt doch noch, wo Jesus geboren wurde?«

»In Bethlehem«, entgegnete Ryan sogleich.

»In einem Stall«, fügte Kirsty hinzu.

»Und ihr erinnert euch auch noch an die Engel, die zu den Hirten aufs Feld kamen, um ihnen von Jesu Geburt zu erzählen?« meinte der Vater jetzt. Ryan nickte, und Kirsty sprudelte heraus: »Die haben so hell geleuchtet, daß die Hirten ganz erschrocken waren. Aber dann sind sie losgelaufen, um Jesus zu sehen, und sie haben ihn gefunden.«

Da sagte der Vater: »Nicht nur die Hirten haben Jesus im Stall gefunden.« Und nun begann er zu lesen, wie sich weise Männer aus einem fernen Land auf den Weg machten, weil sie einen Stern gesehen hatten, der die Geburt eines großen Königs ankündigte. Zuerst gingen sie in die Hauptstadt Jerusalem und zu dem Palast des Königs Herodes. Schließlich wurden die meisten Könige in einem Palast und nicht in einem Stall geboren. Als Herodes hörte, daß die Weisen einen neugeborenen König suchten, erschrak er. »Gibt es etwa noch einen König hier im Land außer mir?« dachte er. Da erklärten ihm die gelehrten Männer von Jerusalem, daß in der Bibel ein König angekündigt wurde, der für immer und ewig regieren würde. »Und dieser König soll in

Bethlehem geboren werden«, stand da schwarz auf weiß geschrieben. So schickte Herodes die weisen Männer aus dem fernen Land nach Bethlehem. »Aber sagt mir Bescheid, wenn ihr ihn gefunden habt, damit ich ihn auch sehen kann«, rief er ihnen noch nach. Die Weisen machten sich wieder auf den Weg, und siehe da, als sie nach Bethlehem kamen, sahen sie den Königsstern genau über dem kleinen Stall leuchten. Sie gingen voller Freude hinein und fanden Maria mit Jesus im Schoß. Sie hatten ihm Geschenke mitgebracht, und obwohl er noch so klein war, verbeugten sie sich vor ihm; denn sie wußten, daß er der beste König war, den es je gab. Doch am nächsten Tag gingen sie nicht zu Herodes zurück. Gott hatte sie nämlich im Traum davor gewarnt, weil er wußte, daß Herodes auf den neugeborenen König eifersüchtig war und ihn töten wollte. Deshalb kehrten sie auf einem anderen Weg in ihr fernes Land zurück (Matth. 2, 1–12).

Ryan und Kirsty hatten gespannt zugehört, und auch die Mutter und die Großmutter waren noch ganz in Gedanken versunken, als der Vater das Buch wieder zuklappte. Für einen Augenblick war es so still, daß Kirsty das Feuer im Kamin zischen hörte. Dann brach Ryan das Schweigen. »Das muß aber ein großer Stern gewesen sein, wenn die weisen Männer ihn bis in ihr fernes Land sehen konnten«, sagte er nachdenklich.

»Die Sterne sind so hoch am Himmel, daß sie über viele tausend Kilometer hinweg gesehen werden können«, erklärte der Vater.

»Aber der besondere Stern war doch direkt über dem Stall«, warf Kirsty ein.

»Vielleicht stand er hoch am Himmel, und sein Schweif reichte bis zum Stall«, meinte die Mutter, »so wie ein Sonnenstrahl manchmal genau auf ein Haus oder eine Wiese scheint.« Diese Erklärung schienen die Kinder zu verstehen. Sie sangen gerne noch einmal das neue Lied von der Großmutter und ließen sich hinterher die Kekse schmecken, die keinen Platz am Weihnachtsbaum gefunden hatten.

»Mm! Die sind dir wirklich gut gelungen«, lobte der Vater.

»Vielleicht werde ich doch kein Handwerker, sondern ein Bäcker«, gab Ryan zurück.

Da heute Heiligabend war, hatte der Pfarrer den Gottesdienst auf den Nachmittag verlegt. Nicht, daß er gerne ausschlafen wollte! Nein, dazu fehlte ihm die Zeit, denn an Heiligabend und Weihnachten wollte jedes Dorf in der Umgebung einen Gottesdienst feiern, und außerdem war der Pfarrer noch zu zwei Altersheimen und zu einem Krankenhaus gebeten worden, um auch dort eine Predigt zu halten. So tobten sich Ryan und Kirsty im Schnee aus, der an der Oberfläche bereits zu einer harten Eisschicht gefroren war. Gordon, Paula und Mairi gesellten sich für eine Weile zu ihnen. Gemeinsam sausten sie auf ihren Schlitten den Hügel hinunter und spielten für eine Weile Eishockey auf dem gefrorenen Teich. Als ihre Finger und Zehen vor Kälte erstarrt waren, zogen sie sich für eine Weile ins Forsthaus zurück. Gordon baute das

Kasperletheater auf, und sie gaben sich gegenseitig Vorstellungen. Dann breitete sich draußen auch schon die Dämmerung über das Land.

»Kinder, macht euch fertig! In zehn Minuten fahren wir zur Kirche«, hallte die Stimme von Gordons Mutter durchs Haus.

Der Gottesdienst war heute besonders feierlich, und die Kinder gingen nicht ins Gemeindehaus hinüber, sondern blieben die ganze Zeit über bei den Erwachsenen in der großen Kirche. Sie sangen viele Lieder. Außer der Orgel spielte noch jemand Geige dazu und ein anderer sein Cello. Ryan und Kirsty hörten noch einmal die Geschichte von den Weisen aus dem fernen Land. Hinterher trug eine Frau ein Gedicht vor, dessen Worte Kirsty sehr beeindruckten. Ryan hingegen war von dem Krippenspiel angetan, das die Jugendlichen aufführten. Als Jesuskind hatten sie nicht wie in den letzten Jahren eine Puppe gewählt, sondern ein echtes Baby, das ab und zu ein zaghaftes »Ö-ö« von sich gab.

Als das letzte Lied verklang, standen alle auf und wünschten sich den Frieden Gottes und ein frohes Weihnachtsfest. Ryan konnte es kaum abwarten, nach Hause zu fahren. Wenn sich seine Eltern doch bloß nicht so lange mit den anderen Leuten unterhalten hätten! Doch schließlich saßen sie alle wieder in Mr. MacPhearsons Jeep und in Mrs. Forbes' Auto und fuhren auf der dunklen Straße nach Inverey hinaus.

Ryan verschwand bereits in der Haustür, als Kirsty plötzlich staunend ausrief: »Oh, guckt doch mal, wie die leuchten!« Als Ryan sich umdrehte und seinen Kopf in den Nacken warf, überkam ihn ebenfalls das Staunen. Auf dem schwarzen Himmelszelt funkelte und glitzerte ein ganzes Heer von Sternen. Sie schienen sich am Nachmittag mit den Strahlen der Sonne gefüllt zu haben und gaben das aufgetankte Licht nun an den Erdkreis zurück.

»Der da drüben sieht richtig grün aus!« rief Kirsty begeistert. »Und da oben ist ein großer goldener Stern – ob da wohl wieder ein König geboren ist?«

»Ja, vielleicht«, entgegnete Ryan, »aber kein so besonderer wie Jesus.«

Dann huschte eine leichte Windböe über den Hof und trieb den Kindern eine Gänsehaut auf den Rücken.

»Komm, laß uns reingehen«, sagte Ryan. »Ich bin schon gespannt auf die Geschenke.« Kirsty wandte ihren Kopf von dem Sternenhimmel ab und folgte ihrem Bruder ins Haus.

Bastelarbeit: Sternmobile

*Laß dir von einem Erwachsenen oder von einem
älteren Kind auf Pappe einen Stern aufzeichnen.
Vielleicht kannst du das auch selber, oder du findest
irgendwo eine Sternbackform, die du als Vorlage
nehmen kannst. Ansonsten ist der Pappstern, den
du ausschneiden mußt, deine Vorlage.*

*Lege die Vorlage auf ein Stück Goldfolie, und
zeichne zehn Sterne nach. Sie wollen alle ausgeschnitten werden. Es ist also eine Menge Arbeit,
und am besten tust du dich mit anderen Kindern
(Geschwistern, Freunden oder Gruppenkamera-
den) zusammen. Wenn du niemanden hast, kannst
du auch einfach einzelne Sterne für den Weihnachtsbaum basteln. Auf jeden Fall brauchst du
immer zwei Goldsterne und einen Pappstern. Die
Goldfoliensterne werden auf die Seiten des Papp-
sterns geklebt, damit du einen festen goldenen
Stern bekommst. Achtung: Bevor du die Sterne
aufeinanderklebst, lege einen Faden (ca. 20 bis
40 cm lang) dazwischen. An diesem Faden kannst
du deinen Stern an den Baum oder an das Mobile
hängen.*

*Wenn du ein Mobile herstellen willst, brauchst du
außerdem drei dünne Stöcke oder Stifte. Einer der
Stöcke sollte etwa 30 cm lang sein, die beiden
anderen nur 15 cm. Befestige je zwei Sterne an den
kurzen Stöcken und einen an dem langen. Die*

kurzen Stöcke werden selbst an dem langen auf-
gehängt (siehe Zeichnung).

Ein Tip: Gib den Fäden verschiedene Längen,
damit die Sterne auf unterschiedlicher Höhe hängen. Nun befestige noch einen Faden in der Mitte
des langen Stockes, an dem dein Mobile von der
Decke herabhängen kann. Wenn ihr viele Kinder
seid oder viel Zeit und Geduld habt, könnt ihr noch
mehr Sterne hinzufügen. In einem dämmrigen Zimmer sieht es aus, als ob sie funkeln. Aber vergeßt
nicht, euch auch den richtigen Sternenhimmel
draußen anzusehen. Wer weiß, vielleicht seht ihr ja
einen Königsstern!

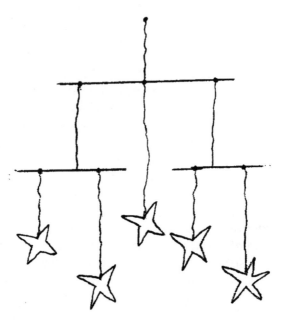